東大駒場寮物語

ルポライター　第132期寮委員長
松本博文

角川書店

東大駒場寮物語

装丁　國枝達也
写真　オオスキトモコ

プロローグ　1993年春、駒場

「松本《まつもと》君、これからコンパやるんだけど、みんなで一緒に飲まない？　ＯＢも来てるしさ」

4月のはじめ、駒場《こまば》寮の北寮の前に、美しく桜が咲く季節だった。ベンチに座って、ゆるい目つきをした野良ネコたちにえさをねだられながら、甘い倦怠《けんたい》感にひたっていた私に声をかけてくれたのは、駒場寮生たちからマッキーと呼ばれている、寮委員長の牧野《まきの》祥久《よしひさ》さんだった。「寮委員長」と言っても、大学の教員や職員が務める、管理人や舎監のような立場の人ではない。マッキーは、新入寮生の私よりは1学年上だけれど、同じ東京大学教養学部の学生である。

マッキーは背が高くて細い人で、寮内のみならず、駒場キャンパス内で見かけてもよく目立った。もしかしたら、90年代を通じて、駒場で一番有名な学生といえば、マッキーだったのかも知れない。マッキーは当時学部2年生で、24歳だった。遠回りをして東大に入学したそうで、私たち新入寮生よりずいぶんと歳上だった。それでも先輩風を吹かすようなことは、一切なかった。

一浪して東大に入学した私は、19歳だった。まだ酒が美味《うま》いとは感じられなかったが、酒の席は楽しいものだ、とは思えるようになってきていた。

北寮2階にあった寮委員長室に行ってみると、カーペットが敷かれた乱雑な部屋の中には、現役寮生や新入生にまじって、何人かのOBが座って、日本酒を飲んでいた。その中の年配のおじいさんは、大学の教授だという。言われてみれば、テレビで見たことがあるような気もする。

「人生は意気に感ずと申しますが……」

東京大学教養学部の前身の、旧制第一高等学校時代の寮歌のような、そんなフレーズから始まる、教授の感動的なあいさつでもあるのだろうか。私は田舎者の新入生らしく、なんとなくそんな美しい場面を想像してみた。現実はまったく違った。

いかにも温厚な老紳士に見えた教授は、酒が進むうちに、次第に雰囲気が変わってきた。後で先輩の寮生に尋ねてみたところ、この教授は有名な酒乱らしい。コンパには、堅い本を出すことで知られる出版社勤務の、三十代ぐらいのOB氏がいた。隣には、控えめでおとなしそうな奥さんを連れて来ている。したたかに酔って前後不覚気味だった教授は、おもむろに、その奥さんのふとももに、頬ずりを始めた。これは現実の光景なのだろうか、と私は思った。

「ちょっとちょっと」

OB氏があわてて制止しようとすると、教授は表情を変えないまま、なにか一言つぶやいた。その直後、やにわに教授は、OB氏の顔に殴りかかった。OB氏の鼻から血が噴き出る。教授はなにかつぶやきながら、無表情でOB氏を殴り続ける。

私は朦朧《もうろう》とした頭で、いま自分が目にしているのは、本当に平成の時代の日本なのだろうか、と思った。ああ、そういえば、この寮では、「平成」や「昭和」といった元号は、公式文書では使わないと聞いた。ならば、1990年代、21世紀を目前にして、と言わなければならない。

ＯＢ氏が「もうお前の本なんて出してやらねえぞ」と叫びながら、教授につかみかかる。いい歳をした男同士が殴り合いをしている分には、止めるのは野暮なのだろう。周囲のＯＢたちはそれほど気にするようでもなく、やっぱりいつになっても、駒場の春はいいなあ、という顔をして、しみじみと酒を飲み続けている。


当時の寮委員長のマッキーは、穏やかな人だった。一方で昭和の昔には、対立するグループの学生のメガネを叩《たた》き割るような、武闘派の寮委員長もいたらしい。

「弁償しろ！」

メガネを割られた学生がそう叫ぶのに対して、かたわらにいたある寮生は、とっさにこう言い放ったという。

「ようし、ベンショウしてやろう。全ての事物は生成し、発展し、消滅する。ほら、ベンショウしてやったぞ」

ああ……。「弁証」ってことですか。意味はわかったけれど、それは笑っていいのだろうか。

新入寮生にそんな話が受けるかどうかはともかくとして、マッキーは楽しげに、寮に伝わるいろいろな昔話を教えてくれた。

それから何日かして、こんどは寮食堂で、大がかりな新歓コンパが開催された。入学式などと違って、誰かえらい人による、堅苦しくて長いあいさつなど何もない。また、アナクロな上下関係のもとに、新入寮生が、酒の一気飲みや、妙な自己紹介や、かくし芸を強制されるようなこともない。最後はなごやかにビンゴ大会がおこなわれた。

私は3等をゲットした。賞品はノート4年分だという。それは素晴らしい。何十冊のノートがもらえるのだろう。一瞬、そう期待したのだが、手渡されたのは、生協で売っている何の変哲もない大学ノート、ただ一冊だけだった。コマ寮生には、これで十分だという。そんなバカな、と思った。

振り返ってみれば、講義用のノートということであれば、確かにそれで、十分だった気もする。しかし、もし私が、駒場寮で見聞きし、体験し、そして考えたことを、律儀にすべて書き記していたとすれば、ノート数十冊では、とても足りなかった。

駒場寮の歴史は古い。戦後、国の礎である憲法をはじめとして、この国の多くのことが改められ、東大もまた新たにスタートした時代から数えれば、五十年近い歳月が流れていた。また、それ以前の明治の時代、旧制一高の寄宿寮が学生たちの自治によって運営されはじめた時にまでさかのぼれば、寮の歴史は百年以上に及ぶ。

私が駒場寮で暮らしていた90年代はちょうど、その駒場寮が廃寮を通告されていた時代でもあった。昭和に建てられた建物だけでなく、明治以来の自治制度もまた、外からの圧力によって、消し去られようとしていた。牧野寮委員長をはじめとする多くの寮生は、このかけがえのない居場所を守るために闘った。あまり力にはならなかったけれど、私もそのうちの一人である。

本書で振り返られるのは、過去数万人の学生が在籍した百年以上に及ぶ自治寮の歴史と、そのうちの一人の寮生による、ごくささやかなストーリーである。

目次

第一章　ある駒場寮生の話

それぞれの地図

駒場寮の寮生のほとんどは、地方出身者である。そのうちのサンプルの一人として、自分の話から始めたい。

私は東京に出てきて、ほどなく気づかされたことがあった。それは同じ日本で暮らしている人たちであっても、生まれたところ、育ったところ、そしてそれぞれの事情によって、脳内に存在する地図はずいぶんと違う、という事実である。

「出身は下関《しものせき》です」

東京ではじめて会う人たちに、私は最初、そんな自己紹介をしていた。返ってくる反応は、

「じゃあ、九州《きゅうしゅう》男児なんですね」

というものが多かった。または、

「しものせき？　え、どこそれ？」

という無邪気な笑いが返ってくることもよくあった。

自分の故郷を必要以上に誇るというわけではないが、地理や歴史を学んでいる学生ならば、常識として知っている地名だと思っていた。しかし意外なことに、そうではなかった。つまり、自分の認識の方が間違っている。

「出身は横浜《よこはま》です」

という感覚で、自分の故郷を語ってはいけない。私だって、東京に出てくるまでは、関東《かんとう》の地理は、あやふやで、あいまいにしか知らなかった。都内の有名な地名であっても、それがどこに位置しているのかは、あまり詳しくはなかった。

私は1973年、山口県の下関市で生まれた。本州でいちばん西に位置するのが山口県で、下関はさらに、その一番西の端の町である。

私が通っていた高校は、下関西高という、地元の公立校だった。近年、誰でも知っているような有名な卒業生がいるかと言われると、ちょっと思いつかない。すぐ近くの下関中央工出身の同世代には、芥川《あくたがわ》賞作家の田中慎弥《たなかしんや》（72年生まれ）や、ロンドンブーツ1号2号の田村淳《たむらあつし》（73年生まれ）といった有名人がいる。

私の成績は入学時からしばらくの間、下から数えた方が早かった。しかし、そのことは棚にあげ、山口県が田舎であるという一点から、できれば県内の大学ではなく、どこか遠くに行ければいいな、とは思っていた。たとえば博多《はかた》に行けば、タワーレコードがある（私は東京に来るまで、タワーレコードは博多にしかないレコード店だと思っていた）。当時よく聴いていたブルーハーツも時々はやってきて、ライブも見られるだろう。

私の生い立ちをもう少し細かく補足すると、私は下関の沖合に浮かぶ、蓋井島《ふたおいじま》という離島で生まれ育った。当時の人口は百数十人で、小学校の児童数は、十人前後だった。小学校を卒業すると、親元を離れて対岸の町、下関市吉見《よしみ》に渡り、寮生活をしながら、中学に通った。高校時には、アパートで一人暮らしをしていた。

とりたてて取り柄もない私は、ともかくも、テストの成績を上げない限りは、未来が開けないような気がした。そこで、都会の進学校の生徒が使っているような参考書を集めて、見よう見まねで、一から勉強してみることにした。2年生の終わり頃には、文系3科目（英国社）だけの点数ならば、学年1位になった。そのうち、なんとなく、東大にも行けそうな気がしてきた。

早くから親元を離れて暮らしていた私は、両親から、大学に行けとも、何をしろとも言われた記憶がない。親不孝な私は、大学進学に際して、両親の経済的な負担については、ほとんど考えていなかった。妹と弟もいて、家庭がそれほど裕福だというわけではない。それでも、国公立の大学であれば、なんとかなるのではないか。ずいぶんと楽観的で甘い考えなのだけれど、日本の教育制度は、それぐらいは許してくれているのではないか、と思っていた。

1992年、駒場

1992年、私は東大を受験するために、駒場キャンパスを訪れた。志望先は文科I類（法学部進学系）。文系の中では一番難易度が高いとされていたが、受けるからには文Iしかないと思っていた。自分の過剰な自意識を、自分自身で執拗《しつよう》に検証していくと、いつも気持ちがわるくなった。しかしながらともかくも、受験を乗り切るまでは、そういう矛盾の追究は先送りにしようと思っていた。

本番の受験の前、下見で駒場キャンパスを訪れてみることにした。渋谷《しぶや》で電車を乗り換えるため、京王《けいおう》線の駅で、当時は初乗り110円だった切符を買う。「京王」の「王」とは、八王子《はちおうじ》という意味らしい。まだ東京のことがよくわからなかった自分は、八王子も、井《い》の頭《かしら》公園があるという吉祥寺《きちじようじ》も、茫漠とした武蔵野《むさしの》の、はるか西側にある町だという認識だった。

渋谷駅で井《い》の頭《かしら》線の各駅停車に乗る。神泉《しんせん》駅を過ぎ、その次の駒場東大前駅で降りる。改札をくぐり、階段を下りてみれば、すぐ目の前には正門があり、その向こうには、有名な時計台のある校舎が見える。少しややこしいが、東大には本郷《ほんごう》と駒場という、2つの主要なキャンパスがある。同じ時計台でも、本郷の方は「安田《やすだ》講堂」で、駒場の方は「1号館」である。どちらもキャンパスを代表する建物であり、また、設計者も同じでデザインも似ているため、しばしば間違われることがある。正直、田舎者の私も、最初はそのあたりの違いからして、よくわかっていなかった。

最初は門をくぐるのさえ気後れのようなものを感じたが、中に入ってみれば、意外と雰囲気のゆるいところだと思った。たとえば東大の学生ではなくても、その気になれば、自由に図書館内に立ち入ることができた。図書館では机にかじりつくようにして、必死の形相をして勉強している男たちが何人かいた。よく見れば、手元に置かれている本は伊藤和夫《いとうかずお》の『英文解釈教室』（研究社）だったり、『大学への数学』（東京出版）だったり、予備校のテキストや東大模試の冊子だったりで、自分と同じ、受験生だとわかった。後に先人に聞いた話では、1年を通じてこの図書館で最もよく勉強しているのは、近所の河合《かわい》塾駒場校に通う浪人生だったという。

駒場キャンパスを見て回った後の気分は、索漠たるものだった。同じ時間、同じ場所にいて、同じものを見ていたとしても、人によって、目に映る景色は違うだろう。東大を受験するために駒場キャンパスを訪れていた18歳の自分は、一面の廃墟《はいきょ》を見ているような気がした。そこではかつて、既《すで》にいろいろなことがあって、そのすべてが終わった後のようにも思われた。

東大が世界の中心である、などと正気で思っていたわけではなかった。しかし受験を乗り切るため、心のどこかでは、そういうなぞらえをしていたようにも思う。

ともかくも、まず何にしても、大学には受からなければならない。この年の東大受験は、自分としては合否の確率は五分五分ぐらいに思っていた。いま考えてみれば、ずいぶんと甘い。

前期試験が終わった後、一度故郷に帰った。そして合格発表を見るため、再び東京に出てきた。「個人情報」という言葉が一般的ではなかった当時、合格者の名前はすべて掲示されていた。

自分の名前がないことは、すぐにわかった。その後で後期試験も文Ⅰを受けたが、そちらはまったく手応《てごた》えがないままに、やはり落ちた。他にはどの大学も受験していなかった。

地方の浪人生

浪人時には、下関から電車に乗り、対岸の小倉《こくら》の予備校に通った。東大・京大進学クラスで、

「文Iに落ちた松本です」

という自己紹介をした。それを聞いた黒川博之《くろかわひろゆき》は、

「いけすかないやつだな。こんなやつとは付き合えないだろう」

と思ったと、後で教えてくれた。黒川とはなぜかその後、長い付き合いになる。

黒川は、地元の小倉高出身。絵が上手《うま》くてサブカル系に強く、フリッパーズ・ギターやピチカート・ファイヴを聴いているような男だった。

「おれはU2好きなんだけど」

と言うと、

「マッチョだな、それは」

という答えが返ってきた。東大文Iから法学部に進むと口にするようなやつはうさんくさく、U2のギタリストのジ・エッジは、そのネーミングセンスと風采《ふうさい》がどうなのかと感じる黒川のセンスは正しく、そんな黒川が私は好きだった。黒川は文Iか文IIを受けるけれど、法学部や経済学部には進学せずに、教養学部教養学科の、表象文化論に進むつもりだと言っていた。

黒川はウォークマンでトム・ウェイツのアルバム「The Heart of Saturday Night」（土曜日の夜）を聴きながら、自転車に乗り、小倉の町を「ナイトクルージング」するのが好きだと言う。

「なんだそりゃ」

と笑っていたのだけれど、ほどなく自分も「土曜日の夜」を、カセットテープで、エンドレスで聴くようになった。他に黒川と自分との音楽の趣味の一致点といえば、ブルーハーツのギタリストである真島昌利《ましままさとし》のソロの楽曲をよく聴いている、というところだった。

私は予備校には真面目に通わなかったが、都会での生活を勝手に想像し、それなりに受験勉強はした。浪人中に受けた東大模試は、だいたいどれもA判定だった。

1993年春、自分も黒川も、東大の他に、慶應《けいおう》大を受験した。三田《みた》キャンパスのすぐ近くにあったラーメン二郎《じろう》は当時まだ、バラックを思わせるような古い店舗で営業していた。二郎の存在は知っていたが、その廃屋のような店構えと、呪文《じゅもん》のように思える注文方法と、慶應の学生たちの中に入っていく心持ちがなかったのとで、中には入らなかった。この二郎の旧店舗は、ほどなく閉店となる。自分も黒川も、後に吉祥寺の二郎の支店には足繁く通うようになった。後で考えれば、旧三田二郎本店に行っておかなかったのはもったいなかったと思うが、当時はそんな勇気はなかった。駒場寮と一緒で、中に入ってみれば、何ということはなかっただろうに。

慶應の合格発表を見た後、三田から東京タワーまで、黒川と歩いた。真島昌利は、「ドクターペッパーをいつも飲みたかった」と歌っていた。東京タワーのふもとで、ビールではなく、自動販売機で買ったドクターペッパーで乾杯をした。

それからしばらく後のこと。3月10日、東大の本郷キャンパスで合格発表の掲示板を見上げると、確かにそこに、自分の名前はあった。私が抱き合って喜んだ相手は、早稲田《わせだ》大に進んで1年早く東京で暮らし始めていた高校の同級生だった。同級生は、高校では生徒会長をつとめ、そして、「生徒会長は体育祭で赤いふんどしを締めて、裸で踊る」という伝統を真面目に守るような、男臭い男だった。「わかったわかった」とその男は苦笑しながら言った。私の方は、わざわざその男に一緒について来てもらいながら、抱き合う相手が、好きな女でないことを残念に思っていた。

ともかくも、私の東京での生活は始まった。住むところは最初から決めていた。駒場キャンパス内に存在する、駒場寮である。

ようこそ駒場寮へ

駒場寮は、東大駒場キャンパスの東側、よく目立つ場所に存在した。もともとは、旧制第一高等学校の寄宿寮として、1935年に建設された。当初は、北寮《ほく》、中寮《ちゅう》、南寮《なん》の3棟で構成されていた。それぞれ鉄筋コンクリート造りの3階建てで、1階ごとに廊下をはさんで、22の部屋がある。後に北寮の北側に建てられた明寮《めい》も3階建てだが、戦争が激しくなったことにより工事は中断。半分の長さで、当面の完成とされた。

そして、現代から見ても画期的なことであるが、寮の設計にあたっては、事前に一高の生徒側の意見が大いに尊重にされた。生徒側は委員会を作り、参考にするために、東京市内の多くの寄宿舎を見学して回っている。中には当時画期的な集合住宅として注目された、虎ノ門《とらもん》や江戸川《えどがわ》の同潤会《どうじゅんかい》アパートも訪れている。

寮の一部屋の広さは約24畳。部屋は廊下をはさんで、S（スタディルーム）とB（ベッドルーム）の2種類がある。この2部屋を1セットとして、同じサークルの12人の寮生がともに暮らすことが想定された。机が置かれたSで勉強し、ベッドが置かれたBで寝起きをする。

向かい合った部屋はそれぞれ、北側と南側に位置している。では寝室は、どちらにするのがいいだろうか。設立当時の寮生たちは当然というべきか、日当たりのよい、南側を寝室とすることを主張した。しかし学校側はなぜか理由を明示しないまま、寝室は北側にするという方針を出している。寮生側は容易に納得しなかったが、結局最後は折れて、寝室北側案を受け入れている。

部屋は洋風建築らしく寝台（ベッド）にするか。それとも、これまでの伝統通り、畳敷きにするか。寮生たちの間では、議論が起こった。そして結局、学校案の通りにベッドとなった。しかし折衷案として、ベッドは畳を1枚はめられるものにした。この世にも珍しい畳式のベッドは頑丈で、六十年経った後も、そのまま使われ続けていた。戦後しばらくしてから、SB2部屋がワンセットではなくなり、80年代頃には一部屋3人が基本となった。

戦後、学制が変わり、旧制一高が東大教養学部となった。その混乱期に南寮の管理権は学校側に移り、以後は第一研究室棟（一研）と呼ばれるようになった。この点については後述する。

駒場寮の周囲には多くの樹々が生い茂り、緑が深い。長い時を経て、寮の外壁の多くの部分は、ツタで覆《おお》われた。そうした外観を趣があると見るか、それとも不気味と見るかは、人それぞれだった。寮を外から見る人々が、寮を形容する言葉はいろいろある。私が聞いたことがあるのは、「廃墟」「廃屋」「九龍城《クーロン》」「スラム」「迷宮」「ラビリンス」「ダンジョン」「魔窟《まくつ》」「貧民窟《ひんみんくつ》」「倉庫」「物置」「防空壕《ごう》」「幽霊屋敷」「ゴミ屋敷」などといったところか。他にもいろいろあるが、だいたい、ろくなものではない。ある程度はポリティカル・コレクトネスを意識すべきと思われる立場の人たちが、こと駒場寮に関しては、それに反する言辞をわりと無造作に口にしているのを、後年よく耳にした。

寮の周りは豊かな緑だが、寮とキャンパスの敷地をへだてる塀も、門もない。他の学内施設と同様に、その気になれば誰でも中に入ることができる。靴を脱がずに廊下も歩ける。中は自由に探検することもできた。

寮内の薄暗い廊下の壁や、半開きのドアの向こうに垣間《かいま》見られる部屋の壁には、山ほど落書がしてある。

「諸君、自由に落書しよう」

という落書もあった。日本語、英語、ドイツ語、フランス語、ロシア語、中国語《ちゅうごく》、韓国語《かんこく》など、言語もさまざまだ。そこに書かれているのは、寮の住人、来訪者、糾弾すべき政治家や大学の教員、好きな女やアイドルや女優の名前、古い時代の政治的なスローガンや党派の名称、政治的、歴史的、哲学的、宗教的な警句、古今の詩や小説の一節、洋楽や邦楽や寮歌、および、それらの替え歌の歌詞、などなど。麻雀《マージャン》で役満を上がった記録もあれば、もう麻雀をやめるという宣言もある。

また壁には、いつの時代のものかわからないような古いビラやステッカー、寮委員長選挙候補者のポスター、その他いろいろな紙が張られていた。映画好きが住人と思われる部屋のドアは、ミニシアター系の映画のちらしで、乱雑に埋め尽くされていた。

部屋の中からは、大人数で騒ぐ音、麻雀牌《パイ》をかき混ぜる音、印刷機が動く音、テレビやラジオやステレオの音、などなどが聞こえてくる。93年春には、テレビドラマ「高校教師」が流行《はや》っていた。いくつかの部屋からは、その主題歌である森田童子《もりたどうじ》の「ぼくたちの失敗」のメロディーが聴こえてきた。主演の桜井幸子《さくらいさちこ》がまだそれほど有名でなかった90年、駒場寮内にサークル部屋を持つ「歌謡研」が駒場祭に呼んだことがあると、あとで聞いた。

入試や合格発表の際に先住者である寮生たちからもらったビラには、寮生活のあらましが書いてあった。自治寮である駒場寮の入寮選考は、大学側ではなく、寮生たち自身がおこなう、と誇らしげに強調してある。新入生である自分には、その違いも意義も、最初のうちはいまひとつピンと来なかったが、ともかくも学生たちの気概だけは伝わってくるような気がした。

寮の奥には、どてらを着て、ヘルメットをかぶってサングラスをかけ、口元を手拭《てぬぐ》いで覆っている、ザ・タイマーズの忌野清志郎《いまわのきよしろう》のような人たちが住んでいるのではないだろうか、という勝手なイメージもあった。しかしもちろん、そんなはずもなく、みんなわりと普通なんだな、と当たり前のことを思った。


大学合格が決まっても、駒場寮の寮生になれるのかどうかは、すぐには決まらなかった。ホテルに滞在し続けるのはもちろん金がかかる。そこで、入学手続きなどでしばらく滞在する間もまた、駒場寮にいることにした。

駒場寮には「仮宿」という制度がある。当時は1泊200円、布団なしならば100円で寮に泊まれる、というシステムだ。

利用できるのは、東大生に限らない。学生でも社会人でも、無職でもニート（という言葉は当時はなかった）でも、日本人でも外国人でも、誰でもよい。イラン人が泊まりたいと片言の英語で言えば、寮委員も「アイシー」と答えて泊めていたという。

仮宿は、わりと長い期間（原則として連続7日まで、一か月のうち10日まで）許されていた。寮内に知り合いがいれば、その部屋にいてもよい。知り合いがいなければ北寮2階の仮宿部屋（男性は13B、女性は31B）で、最初は互いによく知らない人たちとの雑魚寝《ざこね》になる。相部屋であることと、いつから使っているのかよくわからないような布団さえ気にならなければ、これほど安い宿泊手段はない。寮内の、並の銭湯よりも大きな風呂《ふろ》にも入れる。知る人ぞ知る、東京滞在の穴場と言えるだろう。

この仮宿制度は古くから、主に日本全国の貧乏な学生たちに利用され、彼らの東京滞在を助けた。また、多くの奇人変人を駒場寮に吸い寄せることにもなった。

仮宿の受付は、北寮11Sの寮委員会事務室でおこなわれている。いかにも寮らしい、というか、変わっているのは、寮委員が事務をおこなうのは19時から23時まで、という夜の間だけだ。仮宿希望者は、詳細に身元をチェックされるわけでもない。ただ名前などの基本的な属性と、簡単な理由を書くだけだ。「受験」「都内観光」などなど、何でもよい。「夫婦げんか」と書いていた男性もいたと聞いたことがある。家を追い出されたのだろうか。

本来であれば、仮宿部屋を利用するしないにかかわらず、寮生以外の誰かが、寮のどこかで一晩を過ごす際には、ここで申告をする。そういう建前になっている。しかし、寮内に知り合いがいて、その部屋で過ごすようになり、勝手がわかってくると、だいたいそういう面倒なことはしなくなる。かつては「寮内警察」とでもいうべき寮委員会査察部が、各部屋を回り無断宿泊者をチェックしていたこともあるという。しかし時代が下るにしたがってゆるくなり、よほどの問題を起こさない限りは、部屋を見回るということもなくなった。

入寮選考

新しい寮生を募集するにあたって、入寮の審査をするのは大学当局ではない。寮自治会の執行機関である寮委員会が、その一切を取り仕切る。

後で自分も選考する側に回ってわかったが、これには大変な手間がかかる。選考する側、される側、いずれにとっても、面倒なことが多い。しかし、寮自治の根幹をなす制度であって、ここをゆるがせにはできない。たとえば、大学側が、自分たちにとって都合のわるい学生を寮に入れず、途中で恣意《しい》的に退寮させることもできるとなれば、寮自治会が大学に対してものを言うことはできなくなるだろう。

寮に入ることができるのは、東大教養学部の学生である。東大は在学期間の4年間のうち、前半2年間はジュニアコースで、全学生が教養学部に所属する。2年経つと、多くの学生は、本郷の専門課程へと進む。そして、ここは少しややこしいところなのだが、教養学部にはジュニアコースの上に、シニアコースの専門課程(文系の教養学科、理系の基礎科学科)がある。3年生となり、教養学部の専門課程に進んだ学生はそのまま、駒場寮に住み続けることができる。さらには院生(修士課程、博士課程)もOKなので、中には十年以上も寮に住んでいる、という人もいる。

また、留年や休学が理由で、寮を追い出されるようなことはない。大学当局が管理する学生宿舎では原則的に、最短修業年限(東大教養学部のジュニアコースならば2年)以上の在籍を認めないことが多い。最短ルートをたどらないのは、人生の選択肢の一つで自分の意志、という場合もあるだろうし、好きこのんでそうなるわけではない、という場合もあるだろう。いずれにせよ、留年すればだいたい、経済的に苦しくなる。そして東大では、留年する学生の数は多かった。そうした学生たちにとって、セーフティーネットとなるのが、駒場寮だった。何らかの事情で経済的に窮迫したため、年度中途から入寮を申請する学生も多かった。

私が入寮した93年当時には、それほど入寮の基準が厳しかったわけではなかった。地方から出てきて、それほど高額の所得のある家庭の出身でなければ、ほぼ問題なく入れた。

かつての駒場寮は、定員以上に入寮希望者が多く、寮委員会もその選考には苦労したようだ。寮の過去の記録を見ると、中には、出身高校の校長の推薦状などを携えてくる新入生もいた。希望者一人ひとりの事情は詳しく聞くにしても、合理的ではない情実は持ち込まないようにしようという、方針は変わらなかったようだ。

また、ある頃から、入寮希望者には、寮生活に望むことや、学寮の意義などを文章にして書いてもらうことになった。90年代当時は、十数行程度だったが、選考が厳しかった頃には、かなりの長文が課せられた。

安い、広い、自由

寮は一部屋24畳ほどの広さがあり、また昔の建物らしく、天井も高い。雑誌や新聞などで、よく足の踏み場もないほどに散らかっている部屋が紹介されがちなため、窮屈なイメージを持たれることもあるが、実際にはそうではなく、ものを片付けてみれば、驚くほどに開放感がある。何もない部屋でコンパを開けば、三十人ぐらいは余裕で入れる。玉木正之《たまきまさゆき》（72年入学、スポーツ評論家）のブログに掲載された回想によれば、寮の一室で浅川《あさかわ》マキのコンサートを催した際には、百人余りの学生がすし詰めになって入っていたという。

部屋は複数の寮生が一緒に暮らす、相部屋として使われる。かつては一部屋6人という時代もあり、その頃には確かにちょっと窮屈だったかもしれないが、寮生数が減るにつれて、次第に余裕ができて、後には一部屋3人が基本となった。1993年には400人ほどの寮生が存在し、150弱の部屋が使われていた。

部屋の中は基本的に、どのように使ってもいい。そのスタイルは大きく分けると、オープン、クローズド、セミクローズドの3種類に分類される。オープンは文字通り、全スペースを部屋の住人で共有して使うスタイル。プライバシーなどとは言ってられなくなるが、よくもわるくもそれが寮の醍醐味《だいごみ》であり、王道とも言える。クローズドは本棚やベニヤ板などをパーティション代わりにして区切り、個人のスペースをはっきりさせて使うスタイル。時代が下るに従って、この形式が増えてきたようだ。「寮のアパート化」だとして批判する寮生も多かったが、一概にわるいとも言えないだろう。何度も繰り返し書くが、どのように住もうとも、それは各人、各部屋の自由である。セミクローズドは両者の折衷で、共有部分と個人スペースを両方設ける、というスタイルである。

床は板敷である。かつては廊下の段階から土足厳禁だったのだが、その規則は撤廃され、部屋の中でも土足でよい。裸足《はだし》になりたいのであれば、畳やシートやカーペットを敷いたりしてもよい。備品のベッドや机は人数分だけ使ってもいいし、部屋が狭くなると思えば、使わなくてもいい。あまりに多くの電力を使うことがなければ、何でも持ち込みは可能である。先人が残していったテレビや冷蔵庫などの「遺産」があればもちろん、好きに使ってよい。

また寮には全室、スチームヒーターが設置されている。冬場になると自動的について、部屋がほんのりと暖かくなる。それでもまだ寒いという場合には、各自でこたつやストーブ、ファンヒーターなどを用意して、使うことになる。

寮は戦前に建てられたものなので、現在では規格外になっているパーツも多い。寮の窓ガラスもそのひとつで、割れるとなかなか修繕されない。私の住んでいた部屋でも窓ガラスに穴が開いていたが、段ボールか何かでふさいでいれば、さほど気にならない。

家賃（寄宿料）は授業料と同様に、寮生各自が直接、国庫に支払っていた。その額は、一月400円。他に、寮の自治会が徴収する水光熱費や自治会費などが、一月四千数百円。要するに、住環境のためにかかるコストは、一月全部で、五千円ほどである。

寮には舎監もいなければ、門限もない。どこへ何日出かけようとも、外出届を出す必要もない。ほんの最低限の義務をクリアすれば、後は何をしようと自由である。

部屋探し

新入寮生には全員、オリエンテーション用のパンフレットが手渡される。このパンフレットは、80年代中頃からは、『愛してコマ寮』、略して「愛コマ」という名称になった。巻頭からはしばらく、寮自治の機構や歴史、現在の課題、などなどが格調高く綴《つづ》られている。ページが進むにつれて次第にくだけていき、寮生活を送るにあたって知っておけば便利なこと、近所の店の一覧、飲食店のランキング、怠惰な寮生活や留年などをテーマにした替え歌などなどが掲載されている。

新入生にとって、さしあたって一番重要なのは、「愛コマ」巻末の部屋紹介である。寮は相部屋だ。しかし、寮委員会側が機械的に住む部屋を割り振って、新入寮生をそこに押し込める、ということはしない。新入寮生がどの部屋で暮らすのかもまた、各自の自由である。

新入寮生を迎える2年生以上の側では、「愛コマ」に部屋の紹介をかねて、メッセージを掲載する。

たとえば、

「司法試験を目指しています。できれば文Iの方希望」

「全自動卓あります。麻雀を24時間打ちたい人はぜひ」

「お酒が好きな方募集。月に何度か女子大のサークルと合コンをしています」

という感じである。

新入寮生はこの部屋紹介を見て、自分が入りたい部屋を回り、先住人と交渉をする。ただし、よくもわるくも、コミュニケーション能力に自信のない新入生にとっては、ここは最初の関門となる。この段階であきらめて、入寮を辞退する新入生もいた。

私の場合、

「テニスをする人、来ないでください。さわやかな人、お断り」

というアピールを見つけた際には、感動した。この寮が自分にとってはかけがえのない居場所であろうという確信を、さらに深くした。

先住人が全員進学するなどして、空き部屋が出た場合には、新入寮生3人が組んで、入ることもできる。私の場合は、前述の黒川博之と、同じく予備校の知り合いである光内法雄《みつうちのりお》の3人で、空き部屋に入ることにした。3人とも東大に合格したら、3人で一緒に駒場寮に入ろうと、既に予備校の頃から約束していた、ということもあった。

牧野寮委員長

前述の通り寮の新歓コンパにおけるビンゴの景品の3等は、ノート4年分（イコール一冊）だった。では1等賞は何かといえば、一日寮委員長の権利である。誰がゲットしたのかはもう覚えていないが、私にはそちらの方が、ノート4年分よりも、はるかに価値がありそうに思われた。

駒場寮の運営を担っているのは、二十人前後の寮生で構成された、寮委員会である。任期は4ヶ月で、トップの寮委員長は、全寮生の直接投票による選挙によって決められる。前期課程の学生全員によって構成される教養学部学生自治会の委員長が「キャップ」と呼ばれるのに対して、駒場寮委員長は「ボス」と呼ばれていた。北寮14Sの寮委員長室、通称「ボスルーム」には、選挙で当選した寮委員長が住み込む。ボスはえらいから特権的に一部屋与えよう、という趣旨ではなく、何か起こったときに、ボスを捕まえやすくするためである。「寮委員長になると睡眠時間が増える」と、マッキーをはじめとする多くの経験者たちは証言している。仕事と責任が増えて消耗し、その疲れと、現実逃避とで、寝ている時間が増えるのだという。そして昔からだいたい、寮委員長は留年するものと、相場が決まっていた。

私が入寮した93年春の寮委員長は、マッキーこと、牧野祥久さんだった。戦後、大学制度が新しくなった1949年以来、マッキーはのべ129人目の寮委員長にあたる。

93年当時、大学2年目のマッキーは、すでに24歳だった。マッキーは都立豊多摩《とよたま》高校を、下から数えた方が早い成績で卒業した。その後は進学もしなければ就職もせず、実家に住みながら、バイトをして暮らしていた。バブル景気末期の1990年頃には、バイト仕事は山ほどあった。ガードマンや交通誘導を、昼夜昼、1日半連続というシフトで入れ、立ったまま寝ていたという。ちょうどその頃、マッキーの2歳上の長兄が東大を受験した。長兄は高校卒業後すぐに就職して、大学受験などはしなかったのだが、受験してみると東大理Ⅱに合格した。1歳上の次兄は国立大の医学部に進んでいる。マッキーは兄たちを見て、「なんだ、自分にもできそうだ」と思った。

マッキーは予備校に行って講師の話を聞いていても何も身につかないタイプだったので、参考書を買ってきて独学することにした。92年に理Ⅱに合格したときには、マッキーは23歳。高校卒業から5年が経っていた。

それまでずっと親元で暮らしていたマッキーは、大学合格を機に、外に出ることにした。学費も生活費も全部自分が負担する。貯金は200万円ほどあったが、普通にアパートを借りて暮らしていては、すぐに消えてしまう。そこで、駒場寮に入ることにした。自分のように制度からこぼれ落ちているような人間にとっては、ありがたい存在だと思ったという。

駒場寮は確かに古い、とマッキーは思った。しかし、汚いとは思わなかった。それぞれの部屋で、ゴミ屋敷のようにして暮らすのも、きれいにして暮らすのも、それぞれの自由である。寮全体が古いから汚い、というわけではない。少なくとも、自分が生活していく上で衛生的に問題があるわけではない、と思っていた。

マッキーは入寮後、他の新入寮生と同じように、部屋回りをして、入る部屋を見つけることにした。しかし、昼間は部屋にいない寮生が多い。最初は中寮5Sの新入寮生3人部屋にいたが、後に中寮13Bに移った。先人は文Ⅰと理Ⅰの2年生だった。後に文Ⅰ生の方は、寮を出て行った。そこで一人分のスペースができたわけだが、台湾《たいわん》からの留学生から、同じ台湾人が困っているので、部屋に住まわせてやってほしい、と頼まれた。詳しい事情もよく聞かずに引き受けた。新しい同居人の台湾人は当然、東大生だと思っていたのだが、一緒に生活していくうちに、どうやら違うのではないかと思い始めた。どうも出稼ぎ労働者だったらしい。そのうちに、入管当局から、台湾に強制送還されていた。駒場寮での留学生がらみの話は、時として予想外の展開を見せるという一例でもある。

寝たきり寮生

マッキーは入学後7月までは授業に出ていた。授業がないときはイベントの設営や引っ越しなどの肉体労働をしていた。寮では寝ているだけの生活だった。マッキーのようにバイトが忙しいという寮生もいれば、講義にサークルに恋愛に、充実した学生生活を送る寮生もいる。そして、ただ何にもしないで、眠り続けるだけの寮生もいる。それは個人の自由である。

駒場寮では、ほんの最低限の義務をクリアする限り、他者とコミュニケーションを取らず、ほとんど何もせずに暮らしていくことも可能だ。そのスタイルを徹底しようとすれば、たとえば似た考えを持つ寮生を見つけて同部屋となり、パーティションを設けてクローズドにして、互いに静かに暮らせばよい。

また、オープンであっても、他者が発する音や電気の明るさなどを気にしなければ、自分の時間は持てる。私も寮に入ってからは、部屋がにぎやかで明るい中でも平気で眠れるようになった。眠って眠って眠り続け、眠り疲れてまた眠る、というサイクルに陥っている「寝たきり寮生」もいた。そんな寮生を揶揄《やゆ》した（あるいは自嘲《じちよう》した）言葉も、寮の壁には多く残されている。寮委員長室には、昭和の名曲の替え歌の歌詞が書かれていた。

ちょいと一年のつもりで留年
いつの間にやら六年目
気がつきゃコマ寮のベッドでゴロ寝
これじゃ本郷に行けるわきゃないよ
わかっちゃいるけどやめられない

「駒場時代は、ただ寮で寝ているだけだった」というOBはたくさんいる。生真面目な見方をすれば、寝ているだけなんてなんと実りのない青春、ということになるかも知れない。しかし、深い思索に耽《ふけ》ることができる時間的余裕は、もうこの時をおいて他にない、という見方もできるだろう。

寮と麻雀

入寮後、それほど他の寮生と交流があるわけではなかったマッキーにとって、転機となったのは1年時の夏休みだった。その頃からマッキーは、多くの寮生と麻雀をするようになった。寮内ではいつも、どこかの部屋で卓が立っていた。全自動卓も3～4台はあった。北寮15Sなどはレベルが高く、高いレートでボロ負けをしたこともあったという。

寮で麻雀を打つようになると、加速度的に知り合いが増えていく。マッキーも麻雀をきっかけに、多くの寮生と知り合いになった。

現在、麻雀ライターをしている福地誠《ふくちまこと》（84年入学、85年入寮）は、80年代、寮で半ば伝説化されていた人物と打った経験がある。


（駒場寮には）麻雀太郎《マージャンたろう》と呼ばれる人物が住んでいました。いまだに本名は知らないのですが、毎日麻雀ばかりしていて、3年間で体育実技0・5単位しか取っていないといった武勇伝が伝わっていました。

（メルマガ「月カン！　雀賢荘」２０１０年10月）

後年、私がふとした縁で知り合った江崎徹《えさきとおる》（88年入寮）は、理系の学生らしく（?）ポケットコンピュータに、膨大な対局データを入力し、統計を取っていたという。それが何かの役に立ったのかどうかまでは、聞いたことがない。

堀江貴文《ほりえたかふみ》（91年入寮）は大学合格後、怖いもの見たさで駒場寮の中におそるおそる入ったところ、ある部屋から偶然知人の声が聞こえてきたことから、その部屋で麻雀を打つことになる。


麻雀には多少自信のあった僕だが、東大生の麻雀はさすがにレベルが高い。特にドクター高見さんの打ち筋は独特で、なんでも20年間無敗の雀士桜井章一《さくらいしょういち》の主宰する雀荘「牌《パイ》の音」の常連だという。

やるなあ東大生。面白えな、東大麻雀。

その日はなんとか凌《しの》いでギリギリのプラスという成績。メンツとして認められた僕は、住人二人からも誘われる。

「この部屋、一人分空いているから、このまま住めば？」

そんな顛末《てんまつ》で、僕は憧《あこが》れの東京生活を、この古くて汚くて、最高に男臭い東大駒場寮でスタートすることになった。

（中略）

僕の住む北寮3階24Sは、夜毎麻雀が行われると言ってもあくまで趣味程度のものだったが、寮内には三つの麻雀専門部屋があった。

中でも驚いたのは北寮15S。そこはもう完全に雀荘と化していて、場代を取って運営されている。定期的に行進されている全自動卓があり、店員らしき人もいて、カップ麺《めん》や漫画雑誌も常備。レートも僕らの部屋の倍。そしてそこに行けば24時間メンツが揃っている。

（堀江貴文『我が闘争』幻冬舎《げんとうしゃ》、２０１５年）

そうして堀江は駒場寮では、麻雀ばかりしていたという。その模様は漫画『ホリエ戦記――ホリエモン闘牌《とうはい》録』全２巻（原作・堀江貴文、作画・本《もと》そういち、竹《たけ》書房、２０１２年）に詳しい。当時の駒場寮生の雰囲気がよく出ていると思う。

私は堀江さんとは入れ違いの世代となるが、堀江さんと同級生で、よく一緒にバイトをしていたという先輩から、堀江さんの話は聞いたことがある。先輩に対してものおじせずに言いたいことを言い、グルメで、食へのこだわりが強かったという。

駒場寮では夏と秋に二度、寮祭がおこなわれる。80年代に入ると、徹夜の麻雀大会がメインプログラムの一つとなった。参加は誰でも自由で、寮内だけではなく、寮外からも多くの強者《つわもの》が参加した。ゲストにはプロ雀士が呼ばれることもある。かつては桜井章一も寮に来て、惨敗して帰った、という伝説を聞いたことがある。優勝するのはただでさえ難しいわけだが、菅原秀宣《すがわらひでのぶ》（88年入寮）は90年、夏・秋連覇という偉業を達成している。

マッキーは92年秋に寮祭実行委員として、麻雀大会の担当者となった。そしてプレイヤーとしては、96人が参加した93年夏の大会で、優勝を飾っている。

麻雀大会の規模は次第に大きくなり、90年代には寮食堂に100人前後が集まるほどになった。その盛況ぶりを見て生真面目な寮生が「麻雀だったらすぐにこれだけの人数が集まるのに、なぜ総代会には人が集まらないんだ」と嘆くのも、お約束である。

寮におけるコミュニケーションツールとして、麻雀がいかに重要な役割を果たしていたのか。寮の例の一つとして、京都大・熊野《くまの》寮出身で、『ニートの歩き方』（技術評論社、2012年）などの著作を持ち、現在は「プロニート」を名乗るpha《ファ》さんのブログから引用したい。


熊野寮に入るまで、僕は友達があまりいなかった。人と話すのがそんなに得意ではなくて、人を誘って遊んだりするのもすごく苦手だったし、人に誘われてもなんかしんどくて断ってばかりいた。だから大体いつも一人で行動していた。そのときはそれで平気な振りをしていたけど、本当は寂しかったのだと思う。

そんな僕が寮に入って思ったのは「ここは誘ったり出かけたりしなくても自然に家の中に遊び相手がいる」ということだ。それは僕にとってすごく革命的なことだった。相変わらず人に話しかけたりするのは苦手だったけど、なんとなく談話室に行って漫画でも読んでいれば、ゲームをしないかとか麻雀しないかとかみんなが親切に声をかけてくれた。それはとても嬉《うれ》しいことだった。楽しくて、授業に行かずに一日中ずっと麻雀を打ち続けていたりした。

当時できたばかりの雀皇《じゃんおう》戦という全寮の麻雀大会で優勝したこともある（第二回）。

（「phaの日記」２０１４年12月２日）

麻雀亡国論VS麻雀興国論

駒場寮に限った話ではないが、昭和の昔、男が共同生活を送る場所において、人気のある娯楽の代表格は麻雀だった。戦時中に駒場寮で暮らした、詩人で芥川賞作家の清岡卓行《きよおかたかゆき》は、以下のように回想している。

「二十歳のエチュード」を書いて自殺した原口統三《はらぐちとうぞう》君たちと廊下の電球からコードを引いてマージャンをやった。寮監役で、後に「ビルマの竪琴《たてごと》」を書いた竹山道雄《たけやまみちお》先生に見つかったこともありました。先生はギロリとにらんだだけで見逃してくれたなぁ。

（『朝日《あさひ》新聞』１９９３年11月23日朝刊）

明治以来の長い自治寮の歴史の中で、この時期だけは軍部からの圧力をかわすため、「寮主任」という名で、教師が寝泊まりをしていた（第二章にて詳述）。

日本から遠く離れた南極の昭和基地でも、麻雀は人気だった。

ただし麻雀ぎらいの西堀栄三郎《にしぼりえいざぶろう》（第1次南極越冬隊長、京大理学部教授）はあまりいい顔をしなかった。西堀は隊の11人の中では最年長の54歳で、若い隊員たちからは煙たがられる役回りだった。西堀の命令で、観測船「宗谷《そうや》」の中では麻雀禁止だった。昭和基地では立見辰雄《たつみたつお》（当時東大助教授）が、ためしにやってみたい、と許可を求めて、その後はなし崩し的に解禁となる。

西堀は日誌の中で、綿々と愚痴を綴っている。


（1957年5月19日）きのうからブリザードつづく。雪は重い。

きょうは休暇の最終日で日曜日だというのでみな朝寝。便所に雪入り、除雪。自分で朝食つくり、昼食と兼用。マージャン大はやり。

（中略）休み中何もできなかったというが、マージャンだけは皆勤か。この基地からマージャンを追出すことは出来ないか？　マージャンをやらねば慰安にならないのか。もっと真剣な気持になれないのか。そんなにムキになる必要はないという。今に見ろ、きっとひどいことになるぞ。国民に対する義務を考えなければ……。

わたしは、マージャンというものは、はっきりいって、きらいである。それは宿命的なものがある。他人がマージャンをしてるのも好かない。わたし自身、マージャンの仕方はもちろん知りもせぬし、したこともない。マージャンというもの自身が、亡国的な遊びであるという先入感が、わたしにはあるのである。

（中略）日曜日になって、みなが何を喜ぶのかしら、と思っていたら、まず朝寝である。それも、ほんとうに昼ごろまで寝ている。それから、起きて出て来るなり、すぐマージャンだ。日曜日は昼間からやっている。それで結局、みなの趣味というものは、寝ることとマージャンだけかということになる。そう思うと、わたしは情なくなってくるのだ。せっかくこんな宝の山へ入って、何でも調べたらおもしろいことが山のようにあるのに、ガチャガチャと、それもマージャンばっかりして、せっかくの一世一代のチャンスを浪費してしまう。かわいそうだなあと思う。

（西堀栄三郎『南極越冬記』岩波新書、1958年）


西堀の『南極越冬記』はベストセラーとなり、東大でも多くの学生に読まれた。1961年、駒場寮の中央記録（寮の正式な記録を残す係）だった寮生は、個人的見解として、西堀の「麻雀亡国論」に賛同の意見を残している。

寮内を風靡《ふうび》する麻雀の旋風はどう説明すればいいのか。自分は西堀栄三郎氏が、麻雀は亡国病である、と書いた文章を読んだ事があるが、確かにそんな感じがする。浪費される青春の貴重な時間。いかにも頽廃《たいはい》的なムード。

ちなみにこのときの中央記録氏はずいぶんと几帳面《きちょうめん》で、当時の寮内外の細々とした記録を、丁寧に書き残していた。60年安保の後のことで、確かに寮内の雰囲気は、それまでとはずいぶんと変わっているような印象を受ける。

それはそれとして、駒場寮の長い歴史を通じて、「麻雀亡国論」に賛同する学生は、おそらく少数派だったのではないかと思われる。ペンネーム九蓮宝燈郎氏（62年入寮）は、寮誌に「麻雀興国論」と題する一文を寄稿している。


話しは少し古くなるが、かつてあるおえらい人が役所における麻雀を禁止した。理由は仕事の能率が悪くなるということだった。

しかしここで考えてみよう。我々が知人を作るのにもっとも便利で手近かな方法は、一体何であろうか。

結論から言おう。それは麻雀と酒である。四人が一つ卓を囲んで「メンタンピンサンシキ」とか「リーチのみ」などとやりながら、麻雀を一緒に楽しめば親しくならないのが、不思議なくらいである。

何事をなすにも「人の和」は大切である。（飛び抜けて活躍した選手がいないのに優勝した）

今年の西鉄《にしてつ》ライオンズを見れば、だれだって、はっきり分るだろう。（中略）
役所の仕事だってそれと同じことだ。一人や二人の有能な人物によって全てがうまく、ゆくわけではないだろう。逆に「私は品行方正の模範生です」という面をして、麻雀、パチンコは一切せず、ましてやバーに行って酒を飲み、女の子とさわぐことは、親の仇《かたき》ぐらいに思っている奴と一緒に仕事をしていれば、肩がこってやりきれないだろう。（中略）
池田《いけだ》総理は盛んに「人造り」を強調しているが、麻雀もそれに一役買うことができる。
これなどはいかにも、昭和の日本人的な意見であろう。

同室者

駒場寮での私の同室者は、前述の通り、小倉で同じ予備校に通っていた黒川博之と光内法雄だった。

黒川は3人兄弟の真中で、上には立教《りっきょう》大に通うお兄さんがいた。お兄さんはワンダーフォーゲル部で、何かの機会に、池袋キャンパス内のサークル部屋におじゃましたことがある。ひげを生やした男たちが煙草を吸いながら、昼から延々と麻雀をしていた。自分の抱く大学生のイメージそのままだった。

黒川も大学に入ると髪とひげを伸ばし、人目をひく風采になった。当時のサッカー日本代表のラモス瑠偉《ルイ》に似ていたので、周囲からは、「駒場のラモス」と呼ばれていた。

二人で写真文化会というサークルの新歓コンパに行き、学生会館の一室で、焼き肉をごちそうになった。学生会館はサークル部屋などがある学生の自治空間で、寮から歩いて1分もかからない。七輪の煙が室内にもうもうと立ち込めて、参加者みんなでスプリンクラーから水が降ってこないか、気にしていた記憶がある。黒川は写真文化会に入って、自分は入らなかった。当時の部室の壁には、そのときのポラロイドが張ってあり、自分の顔には矢印が引かれ、「食い逃げ野郎」というメモがされていたと、後に黒川に教えてもらった。

黒川の弟さんとはかつて、焼き鳥屋で一緒に飲んだことがある。「イケメン」という言葉は当時はなかったが、細身でカッコよかった。弟さんはその後、「バンバンバザール」というバンドのメンバーとして有名になり、現在も活躍を続けている。ウェブ上で写真を拝見すると、当時とはずいぶんイメージが変わっている。こういう場合は、貫禄《かんろく》がついた、と表現するのだろうか。

もう一人の同室者の光内法雄は、大分県の岩田《いわた》高出身。風貌《ふうぼう》は、若い時の大江《おおえ》健三郎《けんざぶろう》か、くるり（というバンド）のボーカルの岸田繁《きしだしげる》に似ている。見るからに真面目そうなのだが、話をすれば面白い男だった。読書家であり、私が読んだことのないような本を、すでに高校時代には一通り読んでいた。光内が本棚に並べていた高橋和巳《たかはしかずみ》の著書を借りたことがあるが、冒頭からあまりの陰気さにいやな気分になっただけで、読み進めることはできなかった。

科類は、私は文Ⅰ、黒川は文Ⅱ、光内は文Ⅲである。3人ともフランス語選択で、クラスには比較的、女子が多かった。光内はクラスの女子たちから「のりピー」と呼ばれていた。このメガネ男が「のりピー」なのかと正直驚いたが、意外と人気があるようだった。

新しい部屋

私たち新入寮生3人が暮らす部屋は、中寮7Bに決まった。先人の手によって、どういうわけだか、部屋の扉が赤く塗られていた。扉には、好きな人間の写真を拡大コピーして張ろう、ということになった。その結果、ジェームス・ブラウンと、ジミ・ヘンドリックスと、升田幸三《ますだこうぞう》の肖像が並んだ。最後のは、将棋が好きな私の趣味である。

私は基本的に怠惰でいい加減な人間なのだけれど、ごくたまに、新しく何かが始まる際の高揚感に突き動かされ、自分でも驚くほど積極的に行動することがある。どうせならば徹底的に、きれいな部屋を作ろうではないか。先住人はおらず、気がねもないので、最初から部屋をデザインし直すことにした。

スペースを取るベッドは、部屋から出すことにした。駒場寮の部屋にはS（スタディルーム）とB（ベッドルーム）の2種類があるが、私たちの部屋は生活重視のBなので、脇には大きな棚がついている。この棚に柵《さく》をつけて、ベッド代わりにしている寮生も多かった。それにならうことにしたのだ。

部屋の壁を見渡してみると、落書はそんなになく、面白いものや、文化財として残すべきものもないと判断した。そこで思い切って、壁一面をペンキで塗ることにした。渋谷の東急《とうきゅう》ハンズでアイボリーのペンキの大きな缶を、5つぐらい買ってきて、ローラーで塗った。その費用も含めて、リフォームにかかった数万円はもちろん自分たちが負担する。しかしそれでも、普通にアパートを借りて払う敷金、礼金などを考えれば、安いものだろうと判断した。

4月12日は「東京大学記念日」で、東大では毎年この日に、入学式がおこなわれる。私は最初から、そんなイベントに参加する気はなかった。スーツを買う金がもったいなかった、駒場から外に出て九段下《くだんした》の武道館まで行くのが面倒だった、そもそもそういうセレモニーが苦手だった、などが理由である。入学式の日も、ローラーを手にして、部屋でペンキを塗っていた。

床にはまず、クッションの意味で段ボールを一面に敷き、その上に6畳用のカーペットを4枚敷いた。3人ともかなり多くの本を持ってきたので、大きな本棚が必要だった。幸い、寮を退去する「芸能山城《やましろ》組」というサークルから、書店や図書館にあるような、ばかでかい本棚をもらってくることができた。東京は地震が怖いから厳重に備えねばと、金属性のストッパーで、しつこいほどに固定した。

あとは3人で秋葉原《あきはばら》に行き、金を出し合って、テレビとビデオデッキを買った。テレビは思いきって、29インチの大きなものにした。

『ニュー・シネマ・パラダイス』のメインテーマを流して拍手をしてもいいような、新しい部屋の完成である。自分たち3人が数日かけて、数万円のコストでこれだけきれいな部屋を作れるわけだ。だったら、学部側が多大なコストをかけずとも、それなりの予算で補修すれば、この寮が「古くて汚い」などと揶揄されることはないだろうに、と思った。

部屋が完成した後は、部屋開きと称して、それぞれのクラスメイトや多くの寮生たちを呼んで、何度もコンパをした。

中寮7Bはほどなく、駒場寮内でも有数のきれいな部屋として知られるようになった。部屋の名前（サークル名）は、「櫻《さくら》の園」にした。チェーホフ、というよりは、同名の吉田秋生《よしだあきみ》の漫画のタイトルにちなんだ。駒場の裏門から出てしばらく歩いたところにあるレンタルビデオ店「麻布《あざぶ》シネマ」で、映画化された『櫻の園』（中原俊《なかはらしゅん》監督）を借りてきて、何人かで見た。これはいい映画だ、と観客たちの意見は一致した。部屋の窓枠は、淡いピンクで塗った。

コマ猫と寮生

人類のベストパートナーは犬だと言うが、コマ寮生（駒場寮生の略称）の友はだいたい、猫だった。いつの時代も寮の周りには、何匹かの猫が暮らしていた。彼ら、彼女らは「コマ猫」と呼ばれた。寮をよく知らない学生たちが「コマ寮の連中はネコを鍋《なべ》に入れて食ってるらしい」という根も葉もないデマを流すことがあっても、寮生と猫たちとの友情に変わりはなかった。コマ猫たちは、多くの人から何かしらえさをもらって、それほど厳しい生存競争にさらされていないため、痩《や》せてはおらず、やさしい目をしていた。

「理Ⅰ、文Ⅲ、ネコ、文Ⅱ」というのは、駒場キャンパスでよく使われていたフレーズのひとつである。教養学部から専門課程に進む際には、進学振り分けという制度が待っている。人気のある学科に進むためには、高得点が必要となるため、理Ⅰ（理学・工学系）や文Ⅲ（文学・教育学・教養学部教養学科系）の学生はよく勉強する。一方で、点数は関係なく、単位さえ揃えれば経済学部進学が約束され（当時）、かつ、公務員試験や公認会計士試験を選択肢に入れていない文Ⅱ生は、勉強もせず、北寮前あたりでごろごろしているコマ猫よりもヒマ、という意味である。

コマ寮生といえば、通学時間ゼロという抜群の環境にいながらも、講義に出ない者が多いと思われていた。実際にはどうであったか。統計を取ったわけではないが、確かにイメージとしては、夜行性の猫のような寮生が多かったかもしれない。

加藤晋介《かとうしんすけ》（74年入寮、弁護士）の回想によれば、70年代半ば、寮委員会室では「栃《とち》の嵐」という名の太ったトラ猫が飼われていた。あるとき、数学好きだった寮生が、数学の問題を幾日考えても解けないことから、ヒステリーを起こし、栃の嵐を2階から地上に叩《たた》きつける、という事件があったという（ひどい話だ）。栃の嵐はしばらく気絶した後、10分ほどしてよたよたと立ち上がり、どこかへと消え、もう二度と寮委員会室に姿を見せることはなかった。

寮の朝

寮は夕方頃から、次第ににぎやかとなる。寮の公式イベントはほとんど、夜におこなわれた。寮委員会の会議はだいたい、22時か、23時頃に始まる。廊下は一晩中、電気がついている。多くの部屋でもまた、電気はつけられっぱなし、というところが多かった。私は寮に入って、電気がついたままでも自然に眠ることを覚えた。眠くなければもちろん、朝まで起きている。

九州出身の黒川や光内と、気づいたことが一つある。それは、東京は自分たちが暮らしていた西日本に比べて、朝が早くやってくる、という事実だった。それは当たり前のことなのであろうが、ちょっとした発見だった。夏場であれば4時頃にはもう、あたりは白み始めている。

駒場寮の朝は、カラスの鳴く声がした。東京のカラスのほとんどは「ハシブトガラス」なのだという。肉食性が強くて猛々《たけだけ》しく、人間が近づいても逃げもせず、逆に威嚇してくるようなふてぶてしさがある。東京は、気だるいネコと、獰猛《どうもう》なカラスの棲《す》む街だと思った。

朝になると、私たちが住んでいる中寮7Bからは廊下をはさんで斜向《はす》かいの東洋思想研究会（中寮9S－10S）がにぎやかになる。東思研は創価《そうか》学会系のサークルだった。毎朝決まった時間に、彼らは声高らかにお題目を唱え、勇壮に歌をうたい始める。その規則正しい徹底ぶりには感心した。東思研のドアの向こうには「打倒！　日顕宗《にっけんしゅう》」などのスローガンが見える。

私は在学中、子供の時から創価学会に属するという、何人かの学生と知り合いになった。彼ら、彼女らは一様にしっかりした理想と、自分たちが社会の重要なポジションにつくのだという明快な使命感を持っていた。

後年私は、住んでいたアパートのオーナーがたまたま創価学会の人で、選挙になるたびに、公《こう》明《めい》党への投票を呼びかけられて苦笑した。駒場で会った学生たちからは、そうした働きかけはされなかった。


キャンパスの裏門を出てすぐのところには、朝早くから営業している、「たけ」という名の仕出し弁当屋があった。多くの寮生から、キャンパス周辺の弁当屋としては、トップクラスに美味いという評価がなされていた。夜明けにたけに行き、600円の焼肉弁当を買って帰るのは、ちょっとした贅沢《ぜいたく》だった。当時、フジテレビで朝早くに放映されていた「ウゴウゴルーガ」など観ながら、寮の部屋で弁当を食べた。勤勉な同級生たちが通学してくる時間は、ちょうど深い眠りに陥る頃だった。

1学期が始まってほどなく、自分の怠惰な暮らしぶりは、親しくなったクラスの友人たちに明らかになった。友人たちはみな、

「まあ、コマ寮生だからそんなものなのだろう」

という、ステレオタイプな認識に落ち着いた。

たまに同じクラスの女の子が、教室に向かう前に寮に寄って、起こしに来てくれていた。

「松本君、起きようよー。フラ語だよー。必修だよー」

と女の子が言う。

「いやごめん。ほんとにごめん。おれはダメ人間だから、もうほっといてくれていいよ」

棚の上の寝床からそんなことをつぶやいて、やっぱり起きない。女の子はあきれて、ほどなく私は見捨てられた。

駒場飲食店案内

寮には居住棟とは別に、大きな寮食堂のホールがあった。ただし、寮生だからといって、寮食堂で食事をしなければならない、という義務はない。希望者だけが、寮食堂を利用した。寮食堂の運営の変遷については、自治寮としての駒場寮の歴史を語る上では重要なテーマなので、章を改めて詳述する。

90年代の駒場寮の斜め向かいの建物には、生協が運営する食堂が3つあった。1階には第一食堂（一食）。2階には第二食堂（二食）があり、その奥にはカフェテリア形式のグリルスパ（グリスパ）が新しくできていた。私はよく、男子学生が多くて地味な一食で二百数十円のカレーを食べていた。いかにも学食らしい味のカレーだった。比較的女子学生が多いグリスパは少し値段設定が高くて、私はほとんど行ったことがなく、行っても駒場寮生を見かけることはなかった。一食は「理Ⅰ食堂」、グリスパは「文Ⅲ食堂」という呼び方もあった。理Ⅰは駒場の最大派閥で、男子学生率が高く、理Ⅰドイツ語クラスあたりになると、男子学生60人に、女子学生1人、という感じだった。一方の文Ⅲは男女比率が半々ぐらいだった。

駒場キャンパスの周りには、多くの飲食店があった。キャンパスの東南側には、通称「矢内原《やないはら》門」と言われる、かつての教養学部長の名にちなんだ、小さな出入り口がある。そこを出て、階段を下りていくと、駒場の商店街がある。東大の学生はそのあたりを駒下《こました》と呼んでいた。一方で、キャンパス東北側の裏門を出たあたりは、駒裏《こまうら》と呼ばれる。コマ寮生は地元住民となるため、必然的に、駒場界隈《かいわい》の飲食店に詳しくなる。

裏門を出ると、目の前は車が頻繁に行き交う山手《やまて》通りで、三叉路《さんさろ》になっている。すぐ近くにはその名の通りの「三叉路」というカフェがある。私たちより上の世代の寮生には、この店の常連が何人もいたようだ。戦後のアウトロー史を語る上では、渋谷の安藤《あんどう》組の名がよく登場するが、三叉路のオーナーは、元安藤組の池田民和《いけだたみかず》氏だった。池田氏は2006年に亡くなった。その後はオーナーが変わり、絵本カフェとして営業していたが、それも最近、閉店してしまった。

裏門を出て、三叉路を東に行けば、渋谷方面。ちなみに駒場寮はしばしば、「渋谷から歩いて15分で行けるスラム」という言われ方もした。

三叉路を北に行けば、新宿《しんじゆく》方面。すぐ近くにはセブン-イレブンがあって、寮生がよく通うために、全国有数の売り上げだったと聞いたことがある。また、やはり寮生がよく通うレンタルビデオ店「麻布シネマ」があって、繁盛していた。私も前述の『櫻の園』や、寮内広報誌『ぷあ』で寮の先輩が薦めていた『悲情城市』や『バグダッド・カフェ』などはここで借りた。

前述の「たけ」という仕出し弁当屋のすぐ近くには、「べらぁめん」という、ユニークなラーメン店があった。堀江貴文はブログ上で「まずい」と断言している。同様に、多くの寮生にとっても、まずいラーメン店の代名詞のようなところだった。そして、まずいまずいと言いながらも、なぜかリピーターは多かった。

ある寮生はよく、「目にしみるほどまずい」と言いながら、繰り返し「カラス（辛酢）めん」を食べていた。私は決まって「野菜らーめん」を注文する。というか、これしか頼まなかった。まずい、とは思わなかった。むしろ、駒場周辺の隠れた人気メニューだったように思う。

このべらぁめんは、数年前に閉店している。堀江は自身のブログにこう記している。


そうか、もうあのまずいラーメンは二度と食べられないのか。そう思うと、なんだかあの駒場寮での学生生活の事が走馬灯のように思い出されて、なんだか感傷的な気分になった。

（「べらあめんの思い出」http://ameblo.jp/takapon-jp/entry-10289413840.html）

後年、私は福地誠からは「べらぁめんがまずいなんてぜいたくだ」と言われた。福地は80年代中頃、最悪の時期には食費は1日100円ほどで暮らしていたという。寮食堂でライスが60円、冷奴と生卵が20円、カレーライスが100円という値段だった。そういう安い食事が生命線という寮生も、やはりたくさんいた。

93年、べらぁめんの近くには、「山手らーめん」という新しい店がオープンした。こちらはすぐに繁盛していた。現在の駒場生にとっては、もはや老舗《しにせ》なのだろう。93年当時の初期のバイター（アルバイト店員）は、私もよく知っている寮生たちだった。

駒裏は駒下に比べれば、訪れる学生は少なかった。「シェ・リュイ」という名のケーキ店や、92年にできたばかりの「フレッシュネスバーガー」1号店などは、隠れたデートスポットだった。フレッシュネスバーガーは、今では多くの町にあるが、昔は駒場キャンパスの裏にしかなかった。ジュースも生の果実を目の前でしぼってくれたりして、ずいぶんとおしゃれなところだと思っていた。

殺風景な炊事場

寮の一番奥、トイレの向かいは、洗面場兼、洗濯場兼、炊事場、というスペースだった。5つの蛇口が並ぶ広い流しがあり、洗濯機と、コインコンロが置いてある。

寮生はそこで顔を洗い、歯をみがく。講義が始まる1限の前には、数十人の寮生が殺到して混んでいる……などということは当然ない。朝早いほどに、余裕があって、優雅に使える。

洗濯機は、無料で使える。いや、そんなことは強調しなくても、洗濯機ぐらいタダで使えて当然だろう、と思うかもしれないが、そうでもない。現在の学生宿舎ではコインランドリーという形式も多い。1回の洗濯をするのに、洗濯機を回して100円、乾燥機を回して20分ごとに100円、という感じである。

駒場寮の古い記録を見てみれば、戦後の早い段階で、電気洗濯機は導入されたようだ。しかしながら、それゆえ駒場寮生はいつも清潔だった、という記述は見かけたことはない。多くの寮生は、洗濯などはおっくうがって、めったにしなかった。

洗濯機で洗った衣服は、自室にロープを張って干している寮生が多かった。天気がよければ、屋上に行く。私は1階の住人で、屋上までは遠かったが、晴れた日にそこで洗濯物を干していると、自分が健康的で文化的な生活を送っている側の住人のように思われて、気持ちがよかった。

炊事場にはコインコンロがあった。これは10円玉を入れればしばらくの間、一定量のガスが使え、火がつく、というもの。周囲にはいつも、野菜の切れ端などが散乱していた。コインコンロはよく壊れるので、そのたびに寮委員会の管理部に苦情が寄せられる。寮内では数少ない自炊派は、コインコンロを使うのは最初からあきらめていて、自室でカセットコンロを使っていることも多かったように思う。

この洗面場兼、洗濯場兼、炊事場は、いかにも古い学生寮という、殺風景なスペースだった。私はその殺風景さが、かえって好きだった。
後年、私は仕事上の必要に迫られて、デジタルカメラで写真を撮るようになった。それで気づいたのだが、東京都心には、廃校になった小学校や中学校がいくつもある。開発が進んでかえって人が住みづらくなり、都心であればあるほど過疎化していく、という現象は、田舎者の私にとっては、不思議な感じがした。都心のある小学校の廃校跡は、少し手が入れられて、手作りのおもちゃの博物館になっていた。ある日の朝、仕事上のイベントで訪れてみると、理科室跡には、ビーカーに赤いバラがいけられていた。そのとき、不意に駒場寮の炊事場を思い出した。

僕と君がすわってたのは　地球の一番はげた場所
体育館のような台所に　君があの朝いけたバラ

そんな友部《ともべ》正人《まさと》の古い歌のように、駒場寮にはもちろん、炊事場に花を飾るような寮生はいなかった。しかしもしその頃に自分が写真を撮る趣味を持っていれば、そんな写真を残していたかもしれない。

寮風呂

寮風呂は、寮の敷地内、居住棟を出て渡り廊下を通った北側にあった。夜、足元が暗いので、うっかりすると、カエルを蹴《け》とばすことになる。寮の周辺にはたくさんのカエルがいて、なぜか驚くほどに大きかった。

多くの学生が利用していた寮風呂は、町の銭湯に優るとも劣らぬほどに大きい。そのため、多くの燃料を確保することは古くからの難題だった。現代の感覚であれば、風呂は毎日入って当然、ということになるだろうが、それは望むべくもない。風呂をどれぐらいの頻度で沸かせるか、ということは、歴代寮委員会の最重要課題の一つであった。1945年頃に寮委員を務めていた小《こ》柴昌俊《しばまさとし》（東大名誉教授、物理学者）はこう記している。

風呂はあるにはあったけれど、燃料なんかありはしないから、気の利いたやつが、焼け跡から変圧器をかっぱらってきて、自分たちでその変圧器を電線につないだ。早い話が盗電だ。そして、ニクロム線を直接お湯につけて電熱器みたいにして、20～30人くらいが一遍に入れる風呂を沸かしていた。かなり危ないし、時間もかかるのだが、いま風にいえば、クリーンではある。

（小柴昌俊『物理屋になりたかったんだよ』朝日選書、２００２年）

終戦直後の話だけれど、人間、必要に迫られれば、これぐらいのことはする、ということだろう。
北杜夫《きたもりお》『どくとるマンボウ青春記』（中央公論社、１９６８年）によれば、旧制松本高では終戦後に、ある工場の寮を借りていた。そこでは、金属棒が差し込んである電気風呂で、電流にやられてしびれる寮生が続出したそうだ。
小柴の寮風呂に関する話には、続きがある。この頃、寮風呂は学生だけでなく、教員も利用していた。

ある日、そこへ入っていたら、湯気の向こうで声が聞こえる。「小柴は寮の仕事ばっかりやって、さっぱりだめだ」「いったいあいつはどこに行くんですかね」「どこに行くかわからないけれど、物理じゃないことはたしかだね。ドイツ文学かインド哲学がせいぜいだろう」。話していたのは、わたしに落第点をつけた物理の先生と、その先生がかわいがっていた物理のよくできる学生だった。
（前掲著）

小柴のそれまでの成績はそれほどいいわけではなく、難関の物理学科に進学するのは難しかった。しかし、寮風呂で教員の言葉を聞いた小柴は「さすがにわたしは腹が立ってこんちくしょうと思った」という。そこで発奮して猛勉強を始め、物理学科に進学。寮風呂での偶然がなければ、小柴が後にノーベル物理学賞を受賞することはなかったかもしれない、というわけだ。

風呂が沸かされる頻度は、世の中全体が豊かになった80年代であっても、2日に1日の割合だった。また沸いたとしても、ぬるかった。この頃寮生だった成瀬豊《なるせゆたか》(81年入寮)はこう語っている。


僕が寮委員長だった時には、寮生の顔と名前を四百五十人中三百五十人ぐらい知ってたし、それだけ会話をしたということでもある。当時の寮風呂は非常にぬるくて（笑）、どうしても長風呂にもなって、次から次へと入って来る寮生と色んな話をしたもんですよ。寮運動の路線の話もあるし、政治だとか、恋愛の問題だとか、勉強とか遊びとか。そういうのと一体になって寮運動の路線の話がくっついて出て来るから、人間に対して好き嫌いをしなくなったというか、こいつとはちょっと付き合いたくないなって人間とも、実際話してみるとこいつはこういういいとこがあるのかってわかるようになった。これが寮生活の素晴らしさなんだなと思っています。

（立花隆《たちばなたかし》＋東京大学教養学部立花隆ゼミ『二十歳のころ』新潮社《しんちょうしゃ》、１９９８年）

寮風呂は、冬場は特に、すぐにぬるくなってしまうことが多かった。ぬるいのがわかっていながら、浴槽に浸《つ》かり、やっぱり寒くて出られない、という経験を、私も何度もした。それはそのまま、駒場キャンパスのモラトリアム、ぬるま湯的な生活を象徴的に表しているようにも思われた。

90年代には総代会での議決を経て、経常費を多少アップさせる代わりに、毎日風呂が沸かされるようになった。

風呂を利用できる時間は、基本的には20時から深夜1時まで。この後はボイラーが消されて、お湯が出なくなる。鍵《かぎ》は閉められないので、ぬるま湯でも水でもかまわない、というのであれば、ずっと浸かっていてもいい。

風呂場を掃除し、ボイラーを点火し、浴槽にお湯を入れるのは、「ボイラーマン」と呼ばれる寮生のバイターが担当していた。実働は2〜3時間だが、拘束時間は長い。バイト代は一日２８００円。熟練のボイラーマンたちは、この額は安いと主張していた。

私も入寮後すぐに、ボイラーマンをやってみた。夕方、風呂場の外からサークル活動をしている男女の楽しそうな声が聞こえてくる。タイルをブラシでこすりながら、いったい自分は何をやっているのだろうと思って、心が折れた。

そうしてそのうち、だいたい決まったメンバーがレギュラーとして残る。手抜きのボイラーマンが問題になった時代もあったが、後には責任感が強い、優秀なボイラーマンが増えた。

後には、ボイラー技士の資格を取る者まで現れた。情熱的な寮生たちのたゆまぬ努力により、風呂を沸かす技術は革命的に改善され、風呂の湯は快適な熱さになった。

94年、誇り高きボイラーマン代表の寮生は、高らかにこう宣言している。


人は誰でも夢を抱いて駒寮に入寮する。しかし寮風呂に入らずして己が夢の実現はあり得ない。諸君の夢の実現を陰ながら支えているのは何を隠そう我々ボイラーマンである。我々ボイラーマンは命をかけて寮風呂を沸かしている。諸君が入学してくる前の冬、我々は革命を起こして厳しい条件下の冬期の寮風呂の「水風呂」というイメージを一掃した。

（中略）新入寮生諸君も自分たちの寮風呂に誇りを持ち愛して欲しい。我々ボイラーマンにとってもこれほどうれしいことはない。

（中略）私など授業をブッチして、寮風呂を掃除したこともある。我々はこのように毎日全寮の皆さんのために闘っている。新入寮生諸君の夢の実現を願ってやまない。

（新入寮生オリエンテーションパンフレット『愛してコマ寮』１９９４年）


日本では昔から、人の集まるところにおいて、風呂は衛生を保つというだけではなく、生活を豊かにする場として機能していた。しかし、70年代以降、文部省は学寮から風呂と食堂という、学生たちが集い語らう空間を消し去る方針を進めていた。

電話と手紙

昭和の昔、電話が一家に一台という割合で普及しても、学生寮ではそうはいかなかった。各自の部屋には電話機は設置されず、寮生が集う場所に、代表電話が一つある、というスタイルが多かった。駒場寮も例外ではない。１９５７年当時の寮委員会はこう訴えている。

寮務室には電話が一つしかない。近いうちに赤電話が付く筈《はず》であるがとにかく九百人にしては少なすぎることは確かである。そのため駒場寮にかけても、『お話中』ばかりで仲々出ないというのは定評ある所である。それを少しでも緩和するため、次のことをリーベその他に徹底させてほしい。

（『駒場寮ニュース』１９５７年5月10日発行）

以下、要するに、電話は手短に、という寮委員会からの訴えが続く。「リーベ」とはドイツ語で恋人のこと。リーベなき大半の寮生にとっては、ただのいやみだろう。
北寮2階、入口側から半分のフロアは、居住スペースではなく、寮自治会が管理する公共スペースだった。階段を上がったすぐの部屋が寮務室で、ここに代表電話が置いてある。寮務室は、寮外からやってくる人の受付窓口であり、寮生が集うサロンでもあった。中には事務用の机と椅子、利用者用のソファーとテレビなどが置かれている。新聞は、多い時には5紙、90年代には3紙の全国紙を取っていた。

時代が下ると、電話回線は増やされ、1回線から3回線になった。電話当番が電話を受け、相手から誰を呼び出したいのか聞いて、寮内放送をかける。

たとえば、

「中寮7Bの松本さん、電話2番（回線の番号で、1から3まである）、2番に電話です」

という感じである。

この放送を聞いた中寮7B（1階）の松本は、電話のある中寮2階までダッシュして、2番のボタンを押して電話を受ける、というシステムだ。呼び出した寮生の反応がなく、不在とみなされた場合には、伝言ノートに伝言が残される。

駒場寮の電話呼び出しには、妙な伝統があった。電話当番は放送をかける際に、「電話」「お電話」「おお電話」という微妙な言い分けをするのだ。

「お電話」はリーベ（恋人）、かどうかはわからないが、妙齢の女性からの電話。

「おお電話」は親元からの電話。

「電話」はその他だ。

この3種類の区分は、電話で呼び出される側には、かなり重要な情報だ。男子学生にとって、どれが心浮き立つかは、言うまでもないだろう。呼び出し放送は誰にでも聞こえるので、「ああ、またあの人は『お電話』か」と、重要な個人情報が筒抜けにもなる。電話当番には、複数の女性から相前後して「お電話」がかかってくるモテ男の存在も明らかになる。「お電話」にはダッシュで出るが、「おお電話」には金輪際出ない、という不心得な寮生も中にはいた。

この言い分け、在寮中にはそう遠くない昔にできた風習なのだろう、と思っていた。しかし調べてみると、そうではなかった。60年代はじめにはもう、女性からの電話は「お電話」だった。

寮生側から電話をかけるとすれば、基本的には公衆電話を使うしかない。90年代であれば緑の電話にテレホンカードを差し込んで、電話番号を押す。北寮1階の入口に近い部屋には、飲み物やカップラーメンの自動販売機と並んで、公衆電話が置いてあった。そこがふさがっていれば、寮を出てすぐ、向かいの生協には、何台もの公衆電話が並んでいる。

寮委員長室には、緊急用の電話があったが、これはアナクロなダイヤル式のピンク電話だった。誰もが携帯電話を持っている現在から見れば、どれもこれも、遠い昔の話のようだ。

寮生宛の郵便物は、寮務室に届けられる。集合住宅のように、鍵のついた個人用のポストがあるわけではない。仕分けされた封書やはがきは、名前のあいうえお順に区切られた、戦前の一高時代から使われている状差しに入れられる。誰に誰から手紙が来ているのかぐらいは、その気になればチェックできただろう。時には、

「あいつは『お電話』だけではなくて、『お手紙』も多い」

という揶揄も聞かれた。プライバシーという観点からすれば、万事、ずいぶんとゆるかった。男子ばかりの自治寮だから、ということもあるだろう。

1954年の映画『女の園』（木下恵介《きのしたけいすけ》監督）は、戦後すぐのある女子大、およびその寮で起きた実際の事件をモデルにしている。劇中、寮の女性舎監は、寮生の電話に聞き耳を立て、誰とどんな話をしているのかを詮索《せんさく》する。そして封書を開き、中をチェックしている。

また後に、他のある女子大でもやはり、寮の舎監が寮生の手紙を開封していたのではないか、ということが大きな問題となった。この寮の規則には、

「通信は父兄の承認の範囲内と定め、指導の上必要と認めた時は、親書の開封をうながすことが出来る」

という一項があった。たとえ「良妻賢母」を養成することが目的だという保守的な女子校であろうとも、こうした干渉は許されるべきではない、と見るのが今日《こんにち》的な感覚であろう。

寮フさん

多くの学生寮では、電話の前にずっとつきっきりで、電話の応対をするための当番はいない。代表電話がかかってくると、近くにいる人が出て、相手方から用件を聞き、必要があれば寮内放

送でアナウンスし、寮生を呼び出す、というシステムが多い。

駒場寮の場合は寮生数が多く、電話も3回線あるので、電話当番が必要だった。しかし昼間は、寮生は講義に出ている（ということに一応はなっている）。そこで、寮務室で電話番や、その他、郵便物の受け取り、仕分けや、訪問者の対応など、いろいろな業務をしてくれる、受付的な業務をになう人が必要となった。

多くの寮では、食事を作ったり、いろいろな雑務をしたりする、「寮母」という立場の人がいる。駒場寮には、「寮母」はいない。代わりに、前述の業務を担当する人を、「寮フ」と呼んだ。漢字を当てれば、男性の場合は「寮夫」、女性の場合は「寮婦」であろうが、ジェンダーフリーで「寮フ」という表記になった。同様の例として、寮食堂の従業員は「炊フ」だった。寮フも炊フも、基本的に長い間、寮の自治会費の会計の中から、賃金が支払われていた。

1956年末、当時の寮委員会が新聞広告で寮の新任の受付係を募集したところ、二百数十名もの応募があった。寮委員会はその全員と面接をして、選考した。その結果、門野《かどの》ミツエさんを採用することに決まった。当時の寮報には、門野さんのあいさつが残されている。


名誉ある本寮の皆さまにほんの僅《わず》かでもお世話申上げられますことは誠に光栄と存じます。未熟な者でございます為一千人寮生の皆々様の御希望通りお尽し出来ますか‼　至って疑問の所ではございますが凡《すべ》て委員会の方々の御教示を尊守して今後働かせていたゞきます。

（『駒場寮報』１９５７年1月31日号）

門野さんにはこの後、数えきれないほどの寮生たちがお世話になった。寮生たちの思い出話には、門野さんの名が登場することが多い。

門野さんは、寮フを約三十五年務めた後、90年に引退した。

私が駒場寮にいた頃には、その後任として、門野さんの妹の渡辺繁子《わたなべしげこ》さんが寮フを引き継いでいた。田舎から送られてくる、段ボールに詰まった食料を受け取りに行くのが遅くなると、

「松本さん、早く来ないと食べますよー」

とアナウンスされた。

寮勤

平日の夜と祝日は、寮フではなく、寮生自身が交代で、寮務室の勤務を担当した。これを「寮《りょう》勤《きん》」という。寮勤は寮生の数少ない義務の一つである。部屋番号の順に、1ヶ月半に1回ぐらいのペースで当番が回ってくる。1回あたりの勤務時間は2時間で、部屋ごとに最低誰か一人、寮務室に出向いて、はたらくことになる。

この寮勤をサボった場合には、罰金など、ペナルティを科せられる。そして寮勤に穴はあけら

れないので、放送でバイトが募集される。サボった部屋からの罰金を財源とするバイト代は、80年代で1000円、90年代で1500円。1回2時間なので、2で割って、時給換算してみれば一目瞭然《りょうぜん》であるが、当時の水準としても、決して高いものではない。しかしそれでも、寮生には人気のあるバイトだった。

平日の夜などは、うんざりするほどたくさんの電話がかかってくることもある。慣れないうちは大変である。ボタン操作を誤って、相手からの電話を切ってしまうミスなども生じる。しかし、そのうち慣れてくれば、熟練のオペレーターのように、効率よくさばけるようにもなる。

寮勤サボりが発生すると、ほどなくバイトを募集する放送がかかる。それを聞いて希望者は、北寮2階の寮務室にダッシュする。寮勤バイターの常連であれば、この部屋はおそらくサボるであろうと予想しておいて、その担当時間の前に寮務室で待機していたりもする。バイトの希望者が一人しかいない場合には、そのまま採用となる。しかし希望者多数の場合には、厳正なるジャンケンがおこなわれていた。たとえ1500円のバイト代であっても、金もなく、他にあてもない寮生にとっては、その日の生活に直結する。「せえの」でジャンケンを始める前、右手をにぎりしめて額に当て、目をつむり、祈るようなしぐさをする寮生もいた。あれほど真剣なジャンケンの場は、後年も見たことがない。

夏休みや冬休みなど、長期休暇の間は、寮勤バイターにとっては、ボーナス期間となる。寮勤をサボる寮生が増え、ジャンケンをするライバルは減る上に、電話はほとんどかかってこない。

この寮勤バイトの回数は、暇な誰かが集計して、ランキングとしてまとめられていた。このランキングの上位者、すなわち寮勤バイトの常連の中には、現在は民主党所属の参議院議員である、小西洋之《こにしひろゆき》（93年入寮）の名前なども残されている。

寮務室の机の上には、寮勤当番が仕事のつれづれに何でも自由に書いてよい、ノートが置いてある。このささやかなつれづれノートは「寮勤日誌」と名づけられていた。後で読み返してみると、当時の寮生たちの生の声が残されていて、面白い。いい加減な主張を書いていると、矢印が引かれ、その先には完膚なきまでに痛烈な批判が記されたりする。いまＳＮＳでやっているようなことは、昔はノートでなされていた。絵心がある寮生が寮勤バイター常連の頃には、ノートはスケッチブック代わりとなり、漫画が連載されるなどした。

たとえば１９８６年頃の寮勤日誌には、寮周辺で暮らしている、二羽のニワトリの話題が頻出する。よく鳴いてうるさく、時には寮生に対してアグレッシブに攻撃してくる、ということで、一部の寮生からは「怪鳥」と呼ばれ、うとまれていたようだ。そしてあるとき、そのうちの一羽が、北寮1階のある部屋の前で死んでいるのが発見される。ある寮生が虐殺して、嫌がらせのために部屋の前に置いていたのではないか、という憶測が流れた。真相はわからない。寮生有志は哀れなニワトリを悼み、墓を建てることにした。ニワトリは、寮の焼却場で荼毘《だび》に付された。そのとき焼却場からは、とてもいい匂いがしていたという話も伝わっている。

またこの頃、「M主義者」と名乗る人物が、長い論文を連載していた。「M」とは、マルクスでも毛沢東《もうたくとう》でもなく、「みゆき様」、すなわち中島《なかじま》みゆきを崇拝する者のことだ。80年代から90年代にかけて、寮では中島みゆき崇拝者の存在が、多数確認されている。M主義者たちは時おり、北寮の屋上で「ミサ」も執り行っていたという。また論文中に「革ハコ派」という専門用語も登場するが、これは「革命的山崎《やまさき》ハコ主義派」のことらしい。

寮に降る雨

寮で住む部屋を自由に選べるとしたら、トイレから近い方と遠い方、どちらがよいだろうか。この選択は、人それぞれで違ってくるだろう。気分の問題は別として、現実的には、トイレに近い方が、生活する上では便利と思われる。

寮のトイレは、入口の反対側、各階の一番奥にあった。入口寄りの部屋から見れば、百メートル近く離れていて、ずいぶんと遠い。

私は駒場寮の建物や設備について、補修がされないことを別にすれば、ほとんど何の不満もなかった。しかし、もし設計者の内田祥三《うちだよしかず》先生（建築家・戦時中の東京帝大総長）に感謝を述べる機会があるとすれば、一点、寮の入口側にもトイレを設けてもらえるとありがたかった、と申し添えたい。そうであれば、多くの学生は助かったはずだ。もっとも、設計前の段階で、一高生たちが意見を述べる機会はあったので、当時の学生にとっては、たいした問題ではなかったのかもしれない。

寮生の中には、遠いトイレにまで行くのが面倒であるとか、開放感があるとか、旧制一高以来の伝統だとかいう理由で、寮の部屋の窓を開け放ち、窓枠に立って、雨を降らせる者が現れる。これを「寮雨《りょうう》」と呼ぶ。

寮雨に関する逸話は多い。これを学生らしくていいと思うか。あるいはけしからんと思うか。旧制高校の生徒たちの倫理観からすれば、罪の意識は希薄だったようだ。

1938年9月20日、一高にヒトラー・ユーゲントの一団が訪れた。その際、一高生たちは「バカヤロー」の声をもって迎えたと伝えられている。「一高生たちはヒトラー・ユーゲントたちに寮雨を見舞った」という伝説もあるが、さすがにそれは史実ではない。

一高教師だった竹山道雄（ドイツ文学者、戦後に『ビルマの竪琴《たてごと》』を執筆）は、戦時中に寮主任だった頃、寮雨は「失礼」だからやめようと提案してみた。対して寮生は、竹山の同僚の木村健《きむらたけ》康《やす》（経済学者）によれば、このような反論をしたという。

「およそ道徳、風俗、習慣、礼儀、作法などが時間的空間的、換言すれば歴史的場所的に変化することは、文化哲学歴史哲学の初歩的知識に属することであります。したがってこの寮という場所と現在という時を基準として、寮雨が失礼であるか否か、すなわちそれが礼儀に叶《かな》うものであるか否かは判断さるべきであります。しかるに現在この寮においては誰一人として、寮雨を失礼だと思っているものはありません。それ故に寮雨は礼儀に反することではなく、したがってこれを廃止する必要はないのであります」

（木村健康『東大　嵐の中の四十年』春秋《しゆんじゆう》社、１９７０年）

理屈が苦手だった竹山は当惑し、学生に反論できなかったという。

後に軍部が査察に来る直前、竹山らは難癖をつけられぬよう、寮をきれいに見せようと努めた。

各寮のまわりを掃除したのは寒い日であった。道具は何もなかったから、手でひろった。寮雨が緑色に泡だったまま凍って、その中にガラス壜《びん》のかけらが埋っていた。それを指でつまんで引きだした。寝室の窓の下ごとに並んでいる三角形のくぼみの何だか胸にしみるようなアンモニア臭は、どうしたら消せるかと考えたが、方法はなかった。

（竹山道雄「昭和十九年の一高」『向陵時報』１９４６年12月）

いろいろな意味で、竹山のわびしい気持ちが伝わってくるようだ。

寮雨は、高いところから放つほどに、気持ちがいいそうだ。ある寮生は酔って、明寮の屋上から寮雨を降らせようとした。しかし明寮は他の棟と違って、戦時中に建設がストップしてしまい、屋上の端には柵がない。寮生は足をすべらせて下に落ち、不幸にして亡くなってしまったという。

戦後、一高以来のバンカラな寮の文化という意味でも、寮雨を面白がっている者は多かった。しかし、寮の規則としては、寮雨は一応禁止されていた。寮委員会内の査察部では、しきりと寮雨を取り締まった。それでも不心得者は後を絶たない。1956年には、寮内広報紙に以下の報告が掲載されている。

北寮二十二番応援部の者にして白昼寮雨をなす者あり。ただちに調査に行き始末書を取った。本寮では以前から寮雨が絶えず殊に窓を開けたところへやられると下の者の迷惑はなはだしい。今後悪質行為をなす者に対しては始末書等で断固取締り絶滅する方針であるから寮生の協力お願いします。

3階の応援部だった寮生は、寮雨を降らせた下の部屋に偶然、査察部員が住んでいたことを、後で知って嘆いた。

西田佐知子《にしださちこ》が「アカシアの雨がやむとき」を歌っていた1960年を過ぎ、クリーデンス・クリアウォーター・リバイバルが「フール・ストップ・ザ・レイン」を歌っていた70年を過ぎても、駒場寮から雨は降り続いていた。

空手部に入った内田樹《たつる》（70年入寮）は、現在ブログにて公開している『東京新聞』に寄せたエッセーでこう記している。

駒場寮についてはその伝説的な不潔さについて書くにとどめよう。私たち一年生部員は決して北側の窓を開けてはいけないと上級生から厳命されていた。上階の寮生たちが窓から放つ「寮雨」が降り込むからである。一年生は入寮してすぐに過半が痔疾《じしつ》を患った。湿度と不潔さと飲酒のせいである。

（「東京と私」http://blog.tasturu.com/2010/07/01_1227.php）

私が暮らしていた90年代には、寮雨はほぼ、やんでいたように思う。寮雨に限った話ではないが、寮を使う寮生たちの意識も、90年代当時とその昔とでは、当時の方がひどかったとも思われない。

「今の若者はなっていない」

という言説はどの時代でも見受けられる。当たっている点もあれば、そうでない点もあるだろう。公共の場で何かしら、無用のルール違反やトラブルを起こしているのは年配者の方で、礼儀正しくふるまっているのは若者の方、ということも多いように感じる。

寮祭

寮では夏と秋の2回、寮祭をおこなう。秋の寮祭は11月末の、駒場祭の期間とも重なっている。運営の主体となる寮祭実行委員会は、寮生有志の委員で構成される。寮祭実行委員会は「RFJC」とも呼ばれる。これは「寮フェスティバル実行コミッティー」を略したものだ。日本語と英語がごちゃごちゃになっていて、このあたりは、いかにも駒場寮らしい適当さがうかがえる。

寮祭の起源を、旧制一高の「紀念祭」までたどると、優に百年以上の歴史を数える。かつては、全寮生が参加しての晩餐《ばんさん》会や、各部屋による企画・展示（寮デコ）、寮歌の発表などがおこなわれていた。当時の一高寄宿寮は女人禁制だった。ただし年に一度の紀念祭の時だけ、女性は寮内に入ることができた。

駒場寮が東大教養学部の寮となった戦後しばらくの間は、反戦・平和、民主主義、自由主義などを訴える、社会的なメッセージ性の強い企画が多かった。もちろん、いつの時代にも硬派な企画はあるが、時代が下るにつれて次第に、エンターテイメントの要素が濃くなっていく。

80年代以降は、北寮前の広場が寮祭のメイン会場だった。ここに寮内から机を運んで組み上げ、ステージを作る。さらには、絵心のある寮生が描くパネルを立てる。銀杏《いちょう》並木の遠くから見ても目立つようなこの巨大パネルは、使う板の枚数から「二十四枚看」と言われていた。

寮祭は数日にわたって続く。その間、メインステージやその周辺では、常に何かがおこなわれていた。連日連夜、ただひたすら歌い続けられるカラオケは、寮生だけでなく、飛び入りで多くの人たちが参加し、長いときには、2時間待ちになることもあった。

ステージの脇ではテントを組んで、おでんや焼きそば、生ビールが販売される。定番のメニューだが、これらがいつも、飛ぶように売れる。

学内でのアルコールの取り扱いは、微妙な問題をはらんでいる。駒場寮の場合は、一貫して酒を売り、飲み続けた。それはもちろん、問題が起これば自分たちで責任を取る、という前提がある。80年代には寮内で、どぶろくを造る試みをした寮生もいたようだ。しかしこれは社会的な問題提起となる前に、かびが生えてしまって、うまくいかなかったという。

北寮前で、ただひたすら麻雀をするという企画がおこなわれる年もあれば、ゲーム機器が置かれ、寮生が日頃の訓練の成果である超絶技巧を見せることもあった。

また寮食堂では徹夜で、麻雀大会がおこなわれた。これが寮祭のメインイベントの一つであることは、前述の通りである。

1年生の私もすぐに、夏の寮祭の運営の手伝いをした。楽しかった。寮で酒を無理強いされたことはただの一度もないが、寮祭中はテンションが上がって、自分で勝手にビールを飲み過ぎ、一人で翌朝、死ぬ思いをした。

都市伝説か現実か

駒場寮祭、駒場祭を通じて、史上最も有名な伝説といえば、焼き犬事件であろう。現在、寮の

内外に一般的に伝わっている説はだいたい、

「駒場寮で畑正憲《はたまさのり》が飼っていた犬を、亀井《かめい》静香《しずか》が殺して、駒場祭で焼き犬にして売った」

というものだ。

さらに尾ひれがつけば、

「その犬は樺美智《かんばみち》子《こ》らがかわいがっていたものだったのだけれど、樺らは騙《だま》されて串焼きの犬を食べさせられ、後で泣いて抗議した」

となる。樺美智子（57年入学）は、教養学部在籍時にはよく、駒場寮にも出入りしていた。

（駒場寮の歴研で）男子学生が徹夜で刷ったビラを、朝早く美智子が取りに来て、登校する学生たちに門で配っていた姿を覚えている人も少なくない。「寝てるところを樺さんによく起こされたなあ。汚くて臭い男の部屋に樺さんみたいなお嬢さんがよく入ってきたもんだ」

（江《え》刺《さし》昭子《あきこ》『樺美智子　聖少女伝説』文藝春秋《ぶんげいしゅんじゅう》、２０１０年）

と。

樺は文学部4年だった１９６０年6月15日、国会前で日米安保条約改定反対のデモ行進をしていた際に、警官隊に衝突され、不慮の死を遂げた。

焼き犬伝説については、伝説だけが一人歩きをして、後年、事件の真相については、ほとんど伝わらなかった。

漫画『美味《おい》しんぼ』（小学館）の原作者として知られる雁屋哲《かりやてつ》は、寮生ではなかったが、東大生で、畑正憲（54年入学）や亀井静香（56年入学）より数年後輩にあたる。雁屋はこう書いている。


東京大学の教養学部がある駒場近辺では十月になると周辺から犬がいなくなる、といううわさが昔は流布していた。教養学部で十月に開かれる駒場祭の時に、学生たちが犬を殺して食べてしまうからだというのだが、戦前のまだ旧制の一高時代や、戦後すぐの食糧難の時代はともかく、昭和三十年代以降の学生が、本当に犬を殺して食った話は聞いたことがない。

考えてみれば犬を殺して食うのは大変な作業である。殺して、血を抜き、皮をはぎ、内臓を取り出し、解体して、食べられる部分を選び出すという一連の作業は精神的にもかなりたくましくなければできないだろう。小学生のころから塾通いを始めて受験勉強一本やりで青春を過ごしてきた東大生にはまず無理な話だ。

（雁屋哲『美味しんぼの食卓』角川書店、１９８７年）


駒場寮で犬を殺して食った話なんて信じられない、という書きぶりである。

一方で、降旗康雄《ふるはたやすお》（54年入学、映画監督）による、こんな証言もある。

「コンパ１００円」

駒場寮でこんな看板が出る日があった。それは運動場へ迷い込んだ野犬や飼い犬を掌捕しての「すき焼きパーティー」の合図だ。今ではとても考えられないことだが、たとえ犬の肉であっても、学生にとっては素晴らしい栄養源になっていたことも確かだった。

（降旗康男「私の半生」http://www.matsusen.jp/myway/furihata/frt11.html）

寮祭（駒場祭）の件に関して、改めて調べ直したところ、意外な事実がわかった。まず最初に言っておけば、実際に犬食事件があったのは間違いない。ただ、それらは一つの事件ではない。樺美智子の関与を示す資料が見つけられない一方で、畑正憲と亀井静香は、それぞれ別の騒動に関係した記録が残されている。

犬鍋伝説

畑の事件は、畑自身が著したエッセー「マルクスの犬Ⅰ・Ⅱ」（『畑正憲作品集１』文藝春秋、１９７７年）に詳しい。

寮食堂に現れる犬を保健所に引き取ってもらう、という寮委員会側の通達を見て、畑は激怒する。そして（ここが驚くべきところなのだが）、保健所に手渡すぐらいならば、自分たちで食べよう、という考えに転じて、畑は周囲にそう宣言する。

結局犬は、畑ではなく、空手部のメンバーが殺して犬鍋にしてしまったと、畑は書いている。

駒場寮の歴史では、多くのサークルが多くの事件を巻き起こしているが、空手部は、柔道部や応援部などとともに、その主役格としてよく登場する。

畑らの行動を問題視した寮委員会が処分を検討したが、逆に「奇妙な提案をし、寮生活を豊かにした」という理由で賞状を出すことになった、しかし寮委員会がずぼらだったためか、結局賞状はもらえなかった、と畑は書いている。

歴代、基本的に生真面目な性格の人間が多かった寮委員会の性格を考えると、にわかには信じられない話ではある。また、細かい話だが、行政を担当する寮委員会は、寮生に対して、退寮処分など、重大な処分を直接科することはできない。もし何か大きな問題が起これば、懲罰委員会による裁判がおこなわれて、その判断をあおぐことになる。

この畑らが関わる犬食事件の資料や証言は、本人によるもの以外に見つけることができなかった。

一方で、亀井らが起こした事件については、多くの資料、証言が残されている。

焼き犬事件始末記

1957年の駒場寮の中央記録には、「焼き犬事件」の顚末が詳細に記されている。また、事件を伝える新聞や週刊誌の記事の切り抜きもはさまれている。

事件の中心となったのは、「向陵会《こうりょう》」という、寮内のサークルである。「向陵」とは向ヶ岡《むこうがおか》、つまり、かつて旧制一高があった場所のこと。転じて、旧制一高そのものを指す。旧制一高が駒場に引っ越してきた際には、寄宿寮のあるこの地もまた「向陵」と名づけられ、そう呼ばれていた。新制の東大になってからは、そうした言い方もされなくなってきていたが、向陵会はその旧制一高のバンカラの伝統を受け継ごうとするサークルだった。後に警察官僚から自民党所属の衆議院議員となり、運輸大臣や建設大臣などを歴任した亀井静香は、向陵会の一員である。

鹿島《かしま》アントラーズ社長やJリーグチェアマンを務めた鈴木昌《すずきまさる》（55年入寮）は、駒場寮では「カトリック研究会」に所属していたが、春休み明けに帰ってみると、部屋の表札が「向陵会」に変えられていたという。


この会（向陵会）、一応は寮歌を歌うことを目的とした〝アナクロ集団〟だったが、左翼運動のデモに参加もすれば、夜の夜中に「ストーム」と称して部屋のドアをがんがんたたいて、みんなを起こして回るような荒っぽい連中だった。

（中略）駒場の寮祭で活字にするのもはばかられるような奇想天外な事件を起こし、週刊誌ネタになったのも向陵会。

（鈴木昌『日本経済新聞』１９９４年10月5日朝刊「交遊抄」）

「活字にするのもはばかられるような奇想天外な事件」というのが、焼き犬事件である。１９５７年は戌《いぬ》年だった。前年にはソ連の人工衛星・スプートニク２号に乗せられたライカ犬が話題になった。それらの話を枕に、新聞や週刊誌は駒場の事件を伝える。記事の一部を引用して、その概要を示してみよう。

（前略）東大でも、二つのイヌ事件があった。
一つは、去る五月、本郷で行われた五月祭《ごがつ》記念の募集小説で入賞した仏文科、大江健三郎君の「奇妙な仕事」である。彼はこの小説で注目を浴び、学生作家として文壇にデビューしたが、これは「犬殺し」をテーマとするものであった。特異な題材が話題となった。次は、11月16、17両日の教養学部（旧一高）駒場祭の焼き犬事件だ。
（『週刊朝日』１９５７年12月15日号）

最近駒場付近をうろついていたノラ犬がめっきり減ったことにお気付きの方はいないだろうか。一方駒場祭当日寮デコを見物した方には向陵会の出した焼トリの売店で一串《くし》十円なりの焼トリと二級酒に舌づつみを打った向《むき》もあるにちがいない。実は、この焼トリの正体こそ、哀れなワン公なのである。

（『東京大学新聞』1957年11月20日号）

（駒場寮のサークル向陵会では、寮デコの他に何かしようという話になり）この時、ふとA君の頭にひらめいたことがあった。それは最近寮の付近にノライヌがふえて、そのほえ声に毎晩悩まされた寮生たちが寮委員会を通して目黒保健所にたのみ二回にわたって試みられた野犬狩が失敗におわったことだ。ノライヌをつかまえて焼トリ店を開こう、この際、一挙両得ではないか、というA君の提案は即座に衆議一決した。

（中略）F君が意気揚々と、まるまると肥えた雌イヌを抱きかかえて現われた。（中略、犬を捕まえるためのえさの）ハムの残りをみんなから寄せあつめて最後の宴《うたげ》を彼女にふるまうと、北寮のウラに連れて行って小使室（編注・寮自治会ではかつて、営繕を担当する、「クナーベ」と呼ばれる若者を雇用していた）からかりてきた金ヅチで殺した。皮をはいだり、肉をバラす作業は医学部へ進学志望のS君が解剖道具を駆使して器用にやってのけた。（中略）S君は肉はおろか食べられそうな臓物全部を仕込んだ。思ったよりも多くの材料ができた。

（中略、北寮を訪れた見物人たちは）イヌの焼トリとわかってギョッとしてもの珍しそうに立ってながめるだけの人もいたが、味といい香りといい、なかなかの好評で注文絶え間なく店員たちはテンテコ舞いの騒ぎ。女の客も三、四人きた。なかにはおみやげにもって帰るものもあった。

最初のうちはお客さんにタダで食べさせていたが、ネギ、炭あわせて三百円ナリ、そのほか雑費をひねり出さなければならぬことに気がついてお客さんから十円カンパしてもらうことにした。

その日の終りには二百本以上あったクシは全部売り切れ、カンパ箱にも総計三百六十円ナリの十円玉が集まっていた。この催しは来場者に意外の人気を呼び〝寮デコ〟中、その日随一の客足を集めたほどだった。

駒場祭がすんだ翌日、イヌの頭、皮、骨などを埋めた場所に改めてお墓を建立して向陵亭の一同は心から（？）のめい福を祈る読経を斉唱して功厚き彼女のボダイをとむらった。

（『週刊読売』１９５７年12月22日号）


以上が報道で伝えられた概略である。要するに、駒場キャンパス内にたくさんいた野良犬のうちの一匹を殺して解体し、駒場祭の際に串焼きにして売った、というわけだ。

バンカラ学生たちの豪快な話だね、それで笑って終わり……、ではすまなかった。亀井をはじめ、向陵会のメンバーは、学内、学外からを問わず、猛烈な非難を浴びせられることになる。

「羊頭狗肉《ようとうくにく》」という故事成語がある。羊の頭を掲げて、犬の肉を売る、という意味だ。焼き犬伝説のバリエーションとしては「犬であることを隠して売った」というものも伝わっているが、向陵会の場合は、犬を牛や豚や鶏《とり》だと偽って売ったわけではない。ではは何が非難されるのか。

まずは、そんな野蛮で残酷なことをするなんてひどい、ヒューマニズムに反する、という点である。学生有志による「それはあまりにも非常識」と題されたビラには、こう書かれている。

吾々《われわれ》は駒場を愛するものとして、この事実を目のあたりに見て愕然《がくぜん》とすると共に憤満《ふんまん》の念を禁ずるを得ない。（中略）全寮生諸兄はどう考えられるであろう。問題を単に向陵会一個の問題と考えてはならぬ。かの残虐行為を愉快だ勇ましいで済ましていられるとすれば、そのこと自体が問題である。

さらには、向陵会が一高の伝統尊重を標榜《ひょうぼう》していたこともあって、一高ＯＢや駒場の教員たちからは、犬を焼いて食うなどという伝統は一高にはない、という批判も受けた。

あまりの事態に、寮委員会は向陵会側から、事情の聞き取りをおこなった。その上で、当時の駒場祭ではものを売る行為を禁じている点や、犬肉を食べた人々に何らかの被害が起こったら責任が取れない、という点において、反省を求めた。

対して向陵会側は、焼き犬を食べた人たちからは何の被害も抗議も告げられておらず、むしろ自分たちは駒場祭に貢献している、と言って、一切謝罪などはしなかった。

さらに、止まない非難の声に対しては、次のような掲示を出した。

この頃、我々の寮デコについて、とかくの言がなされているようであるが、あまり大人気のあることでもあるまい。

我々は寮委員会の要望を入れてグロ化しないよう万全の処置をとった。これ以上馬鹿らしいことを云々《うんぬん》する気はないが、特に意見があれば来室されたい。

向陵会
結局、向陵会側からは、謝罪めいた言動はなかった。なんともつっけんどんな印象を受けるが、亀井らは、そんなことはどうでもいい、もっと違うことに関心を持ってくれ、という心境だったのだろう。

この時、亀井らにとっては、焼き犬に関する騒動よりも、はるかに重大な事件が起こっていた。それは当時の教養学部自治会委員長だった伊藤嘉六《いとうかろく》の、無期停学処分に関する問題である。

ハンガーストライキ

旧制高校の時代から、学生側が不満や意見を表明する際に、しばしば取った強硬手段の一つがストライキ（同盟休校）である。学生たちは授業をボイコットすることによって、学校側に抗議の意思を示していた。有名な例では、1930年、京都の旧制三高で「自由寮」として名付けられていた寄宿寮に対して学校側が門限を設定しようとした際に、生徒が反発し、ストライキの決議がなされた。

旧制一高ではストライキは起きなかった。しかし新制の東大になってからは、ストライキは頻発していた。学生側の主張は、学生の権利拡大、学費値上げ反対、という学内のことから、広く社会に関する問題まで、多様だった。大学側もまた、ストライキを起こした学生たちに対しては、強硬な姿勢で臨むことが多かった。東大当局は、自治会委員長や代議員大会議長など、ストライキを主導したリーダーに対しては退学を含め、厳しい処分を科すことを明言していた。

1957年、アメリカはビキニ環礁において、原子爆弾や水素爆弾の実験を繰り返しおこなっていた。その抗議の手段として、ストライキを提案したのが、教養学部学生自治会の委員長だった伊藤嘉六である。対して教養学部当局は、伊藤に無期停学処分を下している。

伊藤に対する処分について、学生の間からは猛烈な撤回運動が起こった。その中心人物の一人が、伊藤の友人の亀井静香だった。亀井や向陵会の有志はすぐに、次の声明を発表している。


我々は伊藤委員長の無期停学処分に反対し、断固として同盟休校二十日間と二日間の断食によって当局に抗議する。

全学友の蹶起《けっき》を切に望む。
十一月二十七日
向陵会有志（掲責　亀井静香）
亀井らは駒場寮の前で断食、すなわち、ハンガーストライキを実行した。口にするのは、塩と水だけである。
ハンストは、インドの独立運動の指導者であるマハトマ・ガンジーが実践して以来、平和的な抗議方法として、世界で一般的なものとなった。しかしながら日本では、今も昔も、とかく揶揄の対象となるようだ。亀井もまた後に、「犬を食ったやつがハンストか」と言われたりもした。
当時の記録を読めば、多くの寮生、学生がハンストに参加していたことがわかる。それらの抗議行動が功を奏したのか、伊藤委員長の処分は覆され、軽いものですんだ。

試験対策委員会

寮生が夏の寮祭で浮かれている頃は、試験が気になる時節でもある。

東大では伝統的に、語学のクラスごとに、「試験対策委員会」、略して「シケ対」が組まれる。クラス内で科目ごとに担当者を決めて、試験対策プリント、略して「シケプリ」を作成し、印刷して希望者に配ることになる。私は試験対策委員会の委員長、略して「シケ長」だった。この役職についた学生はだいたい、役職名がそのまま、呼び名になることが多い。自分もクラスの中ではシケ長と呼ばれていた。

シケ長はシケ対の担当の割り振りや、シケプリの印刷の手配などをおこなう。シケプリは枚数が多くなると、コピーではなく、印刷機で大量に印刷をした方がコストが安くなる。

学内の印刷物に関しては、かつてはガリ版などが主流で、その道の伝説的な達人も存在したと伝え聞く。私たちの時代にはもう、それは遠い過去の話だった。学生たちの大半はワープロを持っていて、その大量印刷には機械式の高性能な印刷機を使っていた。

印刷にはだいたい、学生会館（キャンパス内に存在する学生自身が管理する自治空間、サークル部屋などがある）に置かれている印刷機を使うのだが、常に使用者が多く、順番待ちとなる。そこでクローズアップされるのが、駒場寮の印刷室である。駒場寮の施設をいかにうまく利用するかで、駒場キャンパスライフは、ぐっと快適になる。印刷もそうだ。北寮2階の印刷室（北寮11B）に置かれている印刷機は、寮委員だけではなく、実は誰でも使うことができる。そうして私は駒場寮で、山ほどシケプリを刷った。

試験前には、中寮7Bはシケプリの集積場となった。部屋の前に黒板を置いて、シケプリの入荷状況を書き込んだ。私のクラスのシケ対は優秀で、他の多くのクラスにも融通して、感謝された。私はそれで満足して、自分の試験の成績は、わりとどうでもよくなった。

"Shrinking Universe"

1993年、東大の1年生の英語の授業（英語Ⅰ）では、新しい試みが始まっていた。共通テキスト『The Universe of English』を使って、全クラスで一斉に授業がおこなわれ、関連するビデオを見て、小テストを解く。そうしたスタイルは、当時の大学にあっては、かなり斬新《ざんしん》な英語教育の方法だったらしい。マスコミにもしばしば、ニュースとして取り上げられていた。

入学してすぐ、私も買ったばかりのテキストを開いて、読んでみた。いろいろな分野のテーマが網羅され、きれいにパッケージングされ、洗練された形式に思えた。さすがは東大、と感心した。

そうした教員側の熱意は、どれだけ学生に伝わっていたのだろうか。授業が始まる前の春先には既に、学生による手作りの訳本が作られ、北寮前で売られていた。大学受験のノリの延長と見れば、自然な流れである。いや、そうでなくても、テストの点数を気にするのであれば、訳本を読む方が効率がよい。

毎回の授業の際におこなわれる小テストも成績にカウントされる、となれば、どうなるか。授業の途中なので、厳密に監視されているわけではない。そうして、あっという間にカンニングが横行し、それもまた、週刊誌の記事のネタになった。東大生とカンニング、というのは、実は長い時代にわたる大きなテーマでもある。東大に入るほどの学力があれば、カンニングなどハイリスク、ローリターンだろうと私は思っていたのだが、意外とそういう意識が希薄な学生は少なくなかった。

話は少し先に飛んで、翌94年のことになるが、今度は2年生共通のテキスト『The Expanding Universe of English』が発売されていた。私たちは、1年間でシケプリ製作のスキルも向上したので、『Expanding』の訳本は自分たちで作ろうと企画した。日本語訳は私のクラスや寮内の優秀な友人たちに割り振った。編集、印刷、製本は、駒場寮内でおこなった。500部ほど作った後、北寮の前に机を出して売り出すと、あっという間に完売した。すぐに増刷して、さらに500部売れた。

「英語I」責任者の、柴田《しばた》元幸《もとゆき》助教授（当時）は、こう書いている。

名前を決めるというのは非常な決断を要する行為だと思う。（中略）自分の本ではないが、勤務先の大学で作った英語の教科書のタイトルを決めるにも苦労した。一冊目 The Universe of English（英語の宇宙）は割合すんなり決まったが、二冊目はけっこう迷った。結局正攻法で The Expanding Universe of English（膨張する英語の宇宙）と行くことにし、評判もまずまずだった。

ところが、学生たちが作った Expanding の訳本を入手したら、ちゃんと本物と同じ判型で作ったその手作り冊子は、その名も The Shrinking Universe of English（収縮する英語の宇宙）となっているではないか。

しかも、こっちが精一杯つっぱって書いた序文もしっかりもじってあって、「〈英語を読む〉ではなく〈英語で読む〉のを助けることを私たちは目指した」という箇所なんか、「〈英語を読む〉ではなく〈日本語で読む〉のを助けることを私たちは目指した」となっている。

やられた、と思った。こっちはいつまでも教師のパロディをやってるつもりでも、学生たちから見ればとっくに、嘲笑《ちょうしょう》しパロディすべき「権威」になってしまっているわけだ。

（柴田元幸「取越し苦労」『大航海』第1号、1994年）

その序文のパロディを書いたのは、私である。試験対策という意味がもちろん第一義なのだが、私自身が本当にやりたかったことは、パロディである。柴田さんにその意図を汲《く》んでもらえたのは、嬉《うれ》しかった。

駒場寮廃寮問題

駒場寮での生活は快適で、コストがかからず、経済的には本当に助かった。裕福ではない家庭出身の私でも、バイトをして、奨学金を借りれば、それなりにやっていくことができた。多くの知り合いができ、思わぬイベントが起こり、毎日が刺激的でもあった。人に会うのがわずらわしければ、一人静かにものを考え、ずっと寝ていられる自由もあった。私にとって駒場寮での生活は、何ものにも替えがたいものだった。誰に強制されたわけでもなく、私は寮委員となって寮の運営に携わり、夏の寮祭を手伝うようになった。この駒場寮という空間を後進に伝えていくのは、私にとっては、ごく自然なことに思われた。

しかし、駒場寮は当時、教養学部当局からの一方的な廃寮通告で揺れていた。

牧野祥久さんが寮で人気があったのは、麻雀が強かったから、だけではない。1993年2月、マッキーは廃寮反対の姿勢を明確に打ち出すことによって大きな支持を受け、寮委員長に当選した。そしてこの先、長きにわたる駒場寮存続運動は、牧野寮委員長の登場で、大きな転換点を迎えていた。

牧野寮委員長とそれを支持する寮生、学生たちは、手続き的な面と、実質的な面、いずれの側面からも、駒場寮の廃止に反対していた。寮に関する問題は、学部側からの一方的な通告によって決められるわけではなく、また駒場寮は多くの学生たちにとって、かけがえのないものであると。

一方で、別にそんなにムキになって、寮の存続にこだわらなくてもいいのではないか、と思っていた学生も、少なからずいたはずである、寮生たちの心情もわからなくもないし、学部当局のやり方もフェアとは思えないが、しかし本当に、古い寮を残す意味なんて、あるのだろうか、と。

なぜ寮生たちは、懸命に寮の存続を求めていたのか。それを真摯《しんし》に語ろうとするならば、話は長くならざるをえない。少し遠回りになるが、もう一度はじめから駒場寮の歴史をたどり、キャンパス内に存在する自治寮の意義を考えてみたい。

第二章　自由の駒場寮史

向ヶ岡から駒場の寮へ

私が寮委員だったときに、あるテレビ番組のスタッフが、寮の部屋をロケに使わせてほしいとやってきたことがあった。日本で最も有名な寮歌である「嗚呼《ああ》玉杯に花うけて」(以下「玉杯」)が誕生した頃のシーンを撮影したいという。誰か他の寮委員が取材申し込みを受けたのだろうが、もし私が電話に出ていたら、「それはリサーチ不足ですよ」と言っただろう。「玉杯」は昭和の時代に建てられた洋風の、鉄筋コンクリート造りの駒場寮ではなく、明治の終わりに、向ヶ岡の、木造で畳敷きの寄宿寮で作られた歌だ。

撮影のために用意されていたのは、フローリングカーペットが敷かれた、コンパルームである。学生服を着て、マントをつけた役者さんや、多くのスタッフは、部屋のドアを開けて「あれっ?」という、けげんな顔をした。おそらくは、中は畳敷きだというイメージだったのだろう。住人の趣味にもよるけれど、当時の駒場寮はコンパルームに限らず、畳敷きの部屋はあまりなかった。「玉杯」が作られた当時の寮の部屋の様子を忠実に再現するのであれば、畳でなければおかしい。口には出さねど、みんな釈然としない顔をしていた。それでも撮影はおこなわれた。後日、テレビで放映されたはずである。「時代考証がおかしいんじゃないの?」という指摘があったかどうかまでは、知らない。

東大駒場寮は、かつては旧制一高の寮だった、ということはよく知られている。確かにそうなのだが、実は一高時代の寮としては、駒場の地に建てられた寮は二代目に当たる。「玉杯」が作られた昔、明治の時代には、一高、および一高の寄宿寮は、向ヶ岡にあった。これはちょっとややこしい話である。

明治維新の後、加賀《かが》藩・前田《まえだ》家の上屋敷跡が大学の敷地となる。これが現在の、東大・本郷キャンパスに当たる。東大の象徴としてよく紹介される赤門は、前田のお殿様が建てたものである。そして大学の隣、すぐ北側には、第一高等学校（一高）があった。

現在の東大の3年生以上の学生が所属する専門課程の学部のほとんどは、本郷キャンパスに集中している。その例外の一つは農学部だ。例外と言っても、道を一つ隔てた北隣ではあるのだが、その地名から、弥生《やよい》キャンパスと言われている。このあたりで古い時代の土器が発見されたことから、「弥生時代」という名称の由来にもなった。本郷キャンパスは加賀藩の上屋敷跡だが、弥生キャンパスは水戸《みと》徳川《とくがわ》家の中屋敷跡にあたる。

これらの地域は台地の上で、坂の下の上野《うえの》側から見れば、向こう側の丘にあたる。明治に入ってからの地名表示は、「向ヶ岡弥生町」となった。

この地に東大農学部が移ってくる以前には、旧制（戦前）の第一高等学校があった。本郷が東大の代名詞ならば、向ヶ岡や向陵は一高の代名詞となる。

駒場寮史をたどる上では、旧制一高の話から始めることになる。

東大教養学部の前身となる第一高等学校、略して一高は、成績が優秀な青年たちを集めるエリート校として知られるようになる。一高に入学した者は多くが、東京帝大へと進学した。

1890年、向ヶ岡の地に、一中（後の一高）の寄宿舎（寮）が建設された。寮舎は次第に整備されていき、「玉杯」が作られた頃には東・西・南・北・中の五寮で構成されていた。後には朶《だ》・明・和《わ》の各寮が建てられ、八寮となる。いずれも2階建てで、木造である。朶寮は狩野享吉《かのうこうきち》校長個人の寄付によって1904年に建てられた。日露戦争が勃発した年であり、寮の名は乃木希典《のぎまれすけ》（当時陸軍大将）にちなんでいる。

最初に寮が建設された当時の校長は、学生の自由を尊重する木下廣次《きのしたひろじ》だった。木下は新しく出来た寮に学生の自治を認めた。寮の運営を教師による指導という形ではなく、学生たちの自律した意思決定に委《ゆだ》ねたのだ。

一高の大きな特色は、基本的に全3学年の生徒が寮で暮らす、全寮制という点にある。世間に名高い一高生たちの生活は、後にこの寮での暮らしとともに語られるようになった。

寮自治の構図

1890年、木下廣次校長は、生徒たちに対して、寮運営に関する四つの指針を与えた。

一　自重ノ念ヲ起シ廉恥ノ心ヲ養成セシム
二　親愛ノ情ヲ起シ共同ノ風ヲ養成セシム
三　辞譲ノ心ヲ起シ静粛ノ習慣ヲ養成セシム
四　衛生ニ注意シ清潔ノ習慣ヲ養成セシム

あれをしろ、これをしろ、という具体的な命令ではない。「自重」「親愛」「辞譲」「清潔」という、理念が示されているだけである。まだ年端もゆかぬ生徒たちを、できうるかぎり独立した一人前の人格としてみなそうとする学校側の姿勢は、当時の教育現場においては、異例中の異例だった。生徒たちは感激した。以後この「四綱領」は寮の最高規約として尊重され、寮歌でも繰り返し、誇らかに賞賛されている。

寮自治に関する具体的な規約は、すべて寮生たち自身によって決められることになった。

寮内の規則は、立法機関の議会にあたる、総代会によって決められる。部屋の代表者である総代が議員にあたり、議決権を持つ。総代会が開かれるのは、だいたい夜のことである。宵の口に始まって、しばしば深夜にまで及び、ときには朝まで続けられた。

総代会で決められた規則に基づいて、寮内の行政を担当するのが、寮委員会である。寮委員会を代表する委員長、および副委員長は、全寮生の直接選挙によって選ばれる。

これが一高時代の寮自治の、基本的な構図である。

総代会では多くのことが話し合われた。たとえば1915年には、不文律となっている「女人禁制」を明文化するかどうかが議題となった。

「祖母であっても寮内に立ち入れないのか」

「女である以上は当然そうだろう」

というやり取りから始まって、立法の趣旨の妥当性が延々と議論されている。結局は、そうした規則を設けること自体不名誉なことである、という声に賛同が集まって、女人禁制の明文化は見送られた。

一高の教師で、戦時中には寮主任を務めていた木村健康はこう記している。


この「議会」は日比谷《ひびや》の議会（編注・国会のこと）よりはるかに本格的で、議事規則などもデモクラシイの教科書にあるとおりに厳密に規定され、議事の運営も極めて厳粛におこなわれる。この議会で「寮生は髪を長くすべからず」とか「正門以外を出入すべからず」とかの「法律」がつくられるのであるが、この立法活動は「俗人」が考えるほど安易ではない。というのはたとえば「長髪を禁ず」というような卑近な規則であっても、総代会では決して単なる便宜の問題としては取り扱われず、これに対する賛成論も反対論もつねにむずかしい形而上《けいじじょう》学的根拠をもって支持されており、かつ討論は論理学の法則に厳密に従って展開されるからである。それゆえに総代会に臨む寮生は、問題がたとえ「長髪の可否」であったとしても、プラトンのイデア論、アリストテレスの論理学、カントやヘーゲルの哲学、さてはニーチェ、キルケゴール、ドストエフスキイ等の思想をもって武装されていなければならず、嚢中《のうちゅう》（編注・袋の中）の物を探るようにいつでもこれら古典から名句を引用し得なければならない。

（木村健康『東大　嵐の中の四十年』春秋社、1970年）


木村は戦後、東大教養学部で自治活動に携わる学生たちにとっては、学生側の要求に容易に屈しない交渉役、タフネゴシエーターとして立ちはだかる存在となった。しかし木村は、一高時代の寮自治について、かなり高い評価を与えている。もちろん多くの生徒たちも、その自負があった。戦後のある寮委員長は、戦前の総代会を理想視して、戦前の先輩たちと現在の自分たちを比べると涙が出てくる、と嘆いている。

一方では、一高の生徒の中にも、冷めた見方をしている者もいた。加藤周一《かとうしゅういち》（後に医学博士、評論家）はその一人であろう。

30年代の末に、第一高等学校の寄宿寮は、日本の社会の縮図であった。そこには行政機関に似た自治寮の委員会があり、その仕事に関心をもつ少数の人々と、ほとんど無関心な大衆があった。形式的な民主主義的制度と実際上の官僚支配。

（加藤周一『羊の歌』岩波新書、1968年）

加藤のような、寮自治に対する冷淡な評価は、戦後も繰り返し、少なからぬ寮生によって表明されることになる。
駒場寮が「日本の社会の縮図」という指摘は、東大の入学者数が増え、「大衆化」が進んだ後では、さらにあてはまるであろう。寮内で「自治」を語る際に現れた多くの言説は、ほぼそのまま、この国における「民主主義」をめぐってのそれと変わりがなさそうだ。そうした事情を踏まえると、この国の民主主義が仮に低調であろうとも、他に代わりうるよりよき制度は見当たらず、その内実を高めていくしか選択肢がないとすれば、自治寮としての駒場寮もまた、同様であっただろう。

合理と非合理

旧制高校の寮生活でよく語られるのが、寮歌である。現代の日本では、歌といえば多くは専門の作詞家、作曲家が創るものがイメージされるだろう。しかしかつての日本人は、驚くほどに、自分たち自身で多くの歌を作った。旧制高校の寮でもまた、寮生自身によって、多くの寮歌が量産されていった。その数は膨大であって、中には百以上もの寮歌を覚えている寮生もいた。

寮歌のテーマは学校生活、寮自治、友情、理想などから、花鳥風月、世相に至るまで、幅広い。一方で、恋愛や女性に対する憧憬《しょうけい》などを歌ったものはほとんどなく、戦後の歌謡曲や近年のJ－POPとは、一線を画している。「硬派」か「軟派」かという昔風のカテゴライズに従えば、徹頭徹尾、硬派である。歌詞はだいたい文語調、漢語調で、格調高い。現在では、いや、当時であっても、それなりの素養がなければ、意味がわからないだろう。
数ある一高の寮歌の中でも有名なのが、1902（明治35）年、第12回紀念祭の東寮寮歌として作られたものであろう。作詞は矢野勘治《やのかんじ》で、作曲は楠 正一《くすのきしょういち》。

嗚呼玉杯に花うけて　緑酒《りょくしゅ》に月の影やどし
治安の夢に耽《ふけ》りたる　榮華《えいが》の巷《ちまた》低く見て
向ヶ岡にそゝりたつ　五寮の健児意気高し

一高が向ヶ岡にあった時代に作られたこの歌は、「嗚呼玉杯に花うけて」、あるいは略して「玉杯」という名で広く知られるようになった。詞を読めば、若者が酒を飲んで気勢を上げているようでもあるが、実はそうではない。「嗚呼玉杯に花うけて、緑酒に月の影やどし、治安の夢に耽りたる」までが「榮華の巷」にかかっている。いい気になっている巷を低く見るのが、丘の上でストイックに学び励む、一高生の気概である、というわけだ。

彼ら一高生の意識は、現在の視点から見れば、どう映るだろうか。「さすがは将来、天下国家をになう気概に満ちた若者たちだ」と思う人もいれば、「鼻持ちならないエリート主義」と感じる人もいるだろう。

日本の学寮といえば、多くの人にとっては、バンカラで、先輩たちから非合理的な風習を強要されるところ、というイメージがあるようだ。確かに過去には、そういう寮も存在しただろう。しかし90年代に駒場寮に入った私などは、拍子抜けするほどに、そうした体験はしなかった。

酒を強要したり、妙な自己紹介をさせたり、古い寮歌を強制的に憶《おぼ》えさせる、などといったアナクロなことをやるのは、むしろ寮の外、一部の運動部やサークルでの話だ。2012年、東大のあるテニスサークルに所属する学生が焼酎《しょうちゅう》の原液を飲み続けて、急性アルコール中毒となり、死亡するという痛ましい事故が起こった。そのサークルではこういった飲み方、飲み会の作法が四十年以上にわたって続いていた「伝統」だったという。

私も1年生の時、新歓期の運動部をいくつか回って、コンパでは意味もわからずに、昔の寮歌を歌ったことがある。そうして「玉杯」は憶えたが、あとは本当によく知らない。入学後に憶えた歌は他に、東大応援歌「ただ一つ」と、入寮パンフに掲載されていた他愛ない替え歌と、近い世代の寮のＯＢが歌っていた「インターナショナル」ぐらいだろうか。

旧制一高の時代には「入寮式」が開かれていた。これは一大イベントである。集められた新入生を前に、迎える側の寮委員長は数時間に及ぶ演説をおこなったという。その間、聞いている側の新入生は、トイレにも行けない。姿勢がぐらつくと、寮委員が注意して回る。そして長い寮歌をいくつも憶えさせられ、大きな声で歌わされる。現代の目から見ればどれもあまり合理的ではない風習だが、当時にあっては、これが一高の伝統だった。

一高時代を懐かしむ多くのOBたちは、卒業から何十年経とうとも、往時を生涯最良の時と公言してはばからず、寮歌祭を開催し、集って寮歌をうたうことを続けていた。94年に寮食堂でおこなわれた寮歌祭には、五百人ほどのOBが集まっていた。卒業生の愛校心の強さという点において、旧制一高と新制東大とでは、おそらく比較にならない。時代背景や学校の規模など、多くで事情は異なるが、旧制一高が全寮制であったという要因が大きいのは、間違いないだろう。

一高の移転をめぐって

1923年9月1日に起こった関東大震災は、東京の景色とともに、日本の歴史を大きく変えた。東京帝国大学もまた、震災の影響とは無関係ではいられなかった。

当時の東京帝大総長だった古在由直《こざいよしなお》は、この震災を機に、総合大学らしく、帝大の学部を本郷に集めることを思い立った。そこで提案されたのが、向ヶ岡（本郷キャンパスの隣）の第一高等学校と、駒場の東京帝大農学部の場所を入れ替える案である。

駒場は、江戸時代には「駒場野」と呼ばれたところ。江戸城からは南西側、約二里という距離で、徳川将軍が鷹狩《たかがり》をおこなう場所だった。「駒」とは馬と同じ意味で、駒場の地名は、馬がたくさんいる野原、という説や、将軍が馬を止めたところ、などの説がある。明治に入ると、このあたりは近代的な農学校の敷地となり、やがて東京帝国大学の農学部となる。

帝大側が一高側に入れ替え案を打診する際、帝大側は岸道三《きしみちぞう》（寮委員長）と石田久市（副寮委員長）にも、意見を聞いている。決定を一方的に通告してすませようというのではなく、学生の意思を尊重しようとしたわけだ。これは大いに注目すべき点である。

一高も当時、震災によってシンボルの本館を失うなど、多くの被害を出していた。学生の中には向ヶ岡に郷愁を感じ、ここから離れるのはいやだという意見もあった。しかし一方で、震災後の沈滞した空気を一新すべく、移転に賛成という意見もあった。

岸と石田はもし移転するならば、という仮定のもとに、一高の新しい敷地を検討した。帝大側が提案する駒場だけではなく、東京市内の各所を回った。その上で、もし移転するならば、駒場の地がふさわしいという結論を下した。

岸はいかにも旧制高校生的な、豪傑タイプのバンカラな学生で、学生時代のエピソードは、『岸道三という男』（岸道三伝記刊行会編、1965年）などに詳しい。小樽《おたる》中を卒業後、3浪を経て一高に入学し、5年をかけて卒業（旧制高校では通常、3年で卒業）。戦後は経済同友《どうゆう》会代表幹事や、日本道路公団初代総裁などを務めている。

岸委員長は、古在総長に対して、大胆に交渉を始める。駒場の農学部跡地はかなり広く、帝大側の案では、すべてを一高の敷地とするわけではない。いくらかの土地は売却して、移転の費用に当てようとしていた。それでも一高の敷地は以前より広くなるわけだが、岸はもっと広くするように要求した。また、校舎と寄宿舎は新築で、全部鉄筋コンクリートにしてほしい、とも要求した。対して帝大総長の古在は、かなり誠実に交渉に応じていた。

その後、一高の生徒側も移転案を受け入れ、移転案はまとまった。

新しい一高の校舎、そして寄宿寮を設計したのは、帝大教授の内田祥三である。本郷キャンパスの安田《やすだ》講堂、駒場キャンパスの1号館（旧一高本館）など、現在に伝わる主要な建物の多くは、内田が設計した。そしてもちろん駒場寮も、内田の設計によるものである。


震災後の昭和初年に建てられた東大の建物はどれも耐震構造を最重点に造られていて、おそろしく頑丈に出来ている。ちょっと隣室との間に通路（ドア）をこしらえようとしても、仕切りの壁はまさに鉄壁の構えでぶちぬくことさえ出来ない。戦後に出来た建物とは格段のちがいがある。

（山下肇《やましたはじめ》『東大駒場三十年』北樹《ほくじゅ》出版、１９７９年）


元教養学部長の山下肇（ドイツ文学者）が記している通り、駒場寮は贅沢《ぜいたく》な造り方をされていた。

これほどの建物が、表面上は多少古びても、簡単に朽ち果てることはありえない。現に駒場の1号館や本郷の安田講堂などは、補修をしながら、現在でも大切に使われている。

これは後の話となるが、駒場寮に関しては代々、補修のための予算はほとんどつかなかった。やがて駒場寮は学部側から廃寮攻撃を仕掛けられた際に、執拗《しつよう》に「老朽化」というネガティブキャンペーンを張られることになる。

寮と校舎や図書館とは、地下トンネルでつなげられていた。雨が降った日には、生徒たちは雨に濡《ぬ》れずに移動ができる。後にこのトンネルは閉鎖され、大学当局によって立入りを禁止されるが、現在に至るまで、少なからぬ学生が、中を探検している。

寮の建物は新しくなったが、制度はどうであろうか。これが最も重要な点であろうが、明治以来の寮生による自治の伝統は、ほぼそのまま引き継がれた。

ペンキが塗られたばかりのきれいな壁は、すぐに寮生たちの落書で埋められていった。それらは時に消される。しかしそのまた上には、落書が積もっていく。

私が入寮した時にも、一高時代の落書で、わずかに残ったものをいくつか見かけた。

日米会談破裂
愈《いよいよ》交戦状態に入る

というものも残っていた。時代は戦争へと進んでいく。

戦時中の寮

1935年9月、一高が移転する際には、約千名の全校生徒は武装行進をした。一高の校旗として制定されていた護國旗を奉じ、向ヶ岡から皇居前を経て、駒場に到着している。戦前なのだから、そういうパフォーマンスも当然であろう、というと、必ずしもそういうわけではない。むしろリベラルな気風の一高らしくない決定ともいえ、提案者である当時の寮委員長、小田村寅二郎《おだむらとらじろう》らのパーソナリティーが大きく影響していると見るのが妥当であろう。

（35年6月の緊急総代会では寮委員会提案の）武装行進の可否をめぐって議論が白熱した。反対論は、「われわれは軍人ではない。真理のみを対象とする。われわれはその本分に鑑《かんが》み徒手で行進すべきだ」というにある。深更に至るもなお結論を得ず、ついに「武装行進ヲ徒手行進ニ改ムルノ件」という緊急動議が出され、採決の結果、賛成25、反対46票で否決され、ついで原案が賛成65票で可決された。
（一高自治寮立寮百年委員会編『第一高等学校自治寮六十年史』、1994年）

小田村のことについては井上義和《いのうえよしかず》『日本主義と東京大学』（パルマケイア叢書《そうしょ》、2008年）などに詳しい。小田村は、長州《ちょうしゅう》の吉田松陰《よしだしょういん》につながる家系の出身で、後に東京帝大法学部に進み、日本主義（右派）的な立場から法学部を批判して、退学処分を受けている。それまで、学内で左派の学生が問題視されることはあった。しかしその後に右派の学生が目立ってきたところなど、当時の風潮の一端が表れている、と言ってもよいだろう。

一高移転後、世相は戦時色が濃くなっていく。多くの一高の生徒たちは、そうした風潮をきらっていた。軍部をゾル（ゾルダート、ドイツ語でSoldat）と呼び、侮蔑《ぶべつ》の対象とした。

逆に軍部から見れば、学生の自治などは、幾重《いくえ》にも分不相応の、許されざる特権のように映ったようだ。俗世間から自らを遠ざけようとする一高の「籠城主義《ろうじょう》」は、軍部や警察によって、次第に圧迫されるようになる。

「日米会談破裂」の後の、1941年12月。日本は中国だけでなく、アメリカをはじめとするほぼ全世界、連合国を相手に戦争を始める。

木村健康や竹山道雄など、一高の教師たちは生徒と協力して、実質的に学園の自由を守ろうと必死になった。その上で、軍部と学生たちとの摩擦を避けようと、苦労を重ねる。竹山は以下のように記している。


戦争に深入りして末期になるにつれて、世上には非常識な気風がみなぎり、「軍隊に学べ」

というわけだったのだろう、すべて自治ということはいけないということになり、歴史のある旧一高の自治も廃止して、学校が統制しなくてはならないことになった。だが、これは実行できることではなかった。七、八百人の青年の群に対して、軍隊では上からの絶対命令と制裁によって行われているようなことを、数人の教師が権力もなしに行えるはずはなかった。

それで学校では、四つの大きな寮に一人ずつ教師を入れ、それも舎監とか寮長とかいう名を避けて、寮主任と名づけ、四人の人々が学生と起居を共にして、一応のかっこうをつけた。（1944年）8月6日のことだが、実質的には自治のままだった。

（竹山道雄「木村健康さん」『心』1974年3月号）

竹山が記す通り、この時期は長い寮自治の歴史の中でも、例外的な期間となった。形式的に教師が寮の中に入り、「寮主任」として寝泊まりをした。そして寮生とともに、軍部からの干渉を押さえるために必死となった。形をともなった危機は、軍部による寮の査察という形で表れる。竹山らは、査察を無事にやり過ごすため、寮生たちに訴える。

このことが学校と寮にとってどれほどの意味があることであるかを、理解していた寮生はすくなかった。しかし、この運命の日をひかえては、校内の一切を軍隊的な見地からみても非議される余地のないものにしておかなくてはならなかった。このためには、まず寮生を説得して、そういう気持ちになって貰《もら》わなくてはならなかった。「一日だけきれいにして上べを胡麻化《ごまか》すとは何だ。ふだんのままを見せればいいじゃないか」。そういう純粋論者も多かったのである。寮では会議がひらかれ、討論が行われた。

(中略)

「よろしい。それではやろう。しかし、それはゾル(軍人のこと)に見せるためではない。一高生といえども、一旦《いったん》決意すればこれほどにも掃除ができるという可能性を、これをチャンスとして自ら立証するためである」——南寮では幹事が苦心の末、ようやくこういう結論をえたのだった。

査察の前の日に、私は各階の大便所に入って、臭いのを我慢して、壁の落書を消した。これが一番あぶないものの一つであった。「初めだと思ったら、終りの初めだったとさ。運命は皮肉に笑う」というのを惜しみながら消した。

(竹山道雄「昭和十九年の一高」『向陵時報』1946年12月号)

掃除をし、落書を消して査察はなんとか切り抜けたものの、寮生たちには大きな不満が残った。白くなった壁の上にはまた、反戦的な落書が書かれていった。

当時に消された落書は、それから数十年経った後でも、はがれたペンキの下から見つかることもあった。それらもまた、駒場寮の遺産であったと言えるだろう。

戦局が傾いていくにつれ、一高生たちも徴用され、工場で働かされるようになった。また、赤紙が届き、兵士として召集される生徒も増えてゆく。戦争になんら意義を見出《みい》だせず、煩悶《はんもん》する者も多かった。寮内はさらに、すさんだ雰囲気となっていく。

竹山は中寮26番で火災事故が起こった責任を取って、寮主任を退《ひ》いた。火事を起こしたのは、後に自殺して、遺稿集『二十歳のエチュード』（ユリイカ、1948年）で有名となる、原口統三だった。

中野の東京高校は、校舎がほぼ焼失したため、一高の明寮や、三鷹《みたか》の中央航空研究所に間借りをして授業をおこなっていた。

1945年5月25日。一高も空襲を受けた。寮は無事だったが、校舎の大部分は焼失した。

敗戦後の一高

1945年8月15日。長く続いた戦争は、日本の悲惨な敗戦で終わった。

戦後日本のあらゆる新制度は、まず何よりも、敗戦という厳然とした事実を抜きにしては考えられなかった。なぜ日本は国の方向を誤ってしまったのか。なぜ学問の自由は大きく踏みにじられてしまったのか。当時の人々の悲憤や悔恨、反省は深かった。

戦地に赴いた学徒兵たちの遺稿は『はるかなる山河に』（東大協同組合出版部、1947年）、『き

け　わだつみのこえ』（岩波文庫、1949年）としてまとめられ、すぐさまベストセラーとなった。それらを読めば、高い教養を身につけたはずの学生たちであっても、現実の戦争の前ではあまりに無力だったことがわかる。

一高教師の竹山道雄が童話雑誌「赤とんぼ」に連載した小説『ビルマの竪琴』は大変な反響を呼んだ。『ビルマの竪琴』もほどなく、戦後を代表するベストセラーの一つとなった。作中、南方に派遣された兵隊たちは、「埴生《はにゅう》の宿」などの唱歌だけではなく、一高の寮歌も歌う。終戦後に日本に帰らず、ビルマ（現在のミャンマー）に残って戦友たちの霊を弔おうとする水島《みずしま》上等兵のモデルは、ある一高生だとも言われる。

敗戦後間もなくの9月。この頃米軍をはじめとする占領軍は、使えそうな建物を、次々と接収していた。東京帝大（本郷）や一高（駒場）もその候補として、例外ではなかった。帝大の施設はそのまま、マッカーサー司令部になるのではないか、という話もあった。

一高にも米軍はやってきた。そして、まずは寮を見て回っている。その過程において、寮から校舎へと続く地下トンネルに隠してあった、撃剣道具を見つけられた。教育機関では戦後すぐに、武道は禁止されていた。

米軍からは、本館を病院として使いたいという申し入れがあった。一高校長の安倍能成《あべよししげ》は、寮や校舎が米軍に取られてしまってはいけないと、奔走している。幸いにして、それは免れた。

学制の移行

戦後の教育制度改革は、アメリカの意向が大きく働いたと言われる。教育現場では大小の混乱が起こる中、改革案は次々と実行に移されていく。１９４７年、東京帝国大学という名称からは、「帝国」の文字がはずされ、東京大学へと変更された。

49年、一高では寮祭が開かれ、恒例の寮デコなどがおこなわれた。ある寮生は、コーンパイプをくわえたマッカーサーを桃太郎《ももたろう》に、当時の日本の首相の吉田茂《よしだしげる》を犬に見立てるという展示を作成した。新憲法では、「表現の自由」や「学問の自由」が保障されているはずだった。しかしそれ以上に、当時はＧＨＱのルールが優先される時代だった。一高のデコレーションは占領軍を誹謗《ひぼう》するものとして問題となり、校長らの責任が問われることになった。

旧制高校の制度を残したい、という教育関係者は多かった。学制の移行をめぐって議論が起こった当時の一高校長である、天野貞祐《あまのていゆう》はその筆頭だった。また学生の間でも、そうした声は強かった。一高の副寮委員長である小柴昌俊らは、新制そのものに反対し、京都の三高の寮委員長と相談し、連携してストライキを起こそう、という計画もしていた。

しかし大勢は、新制への移行で決定的となる。49年、一高は東京大学と併合され、1年生、2年生の所属するジュニアコース、教養学部へと移行することが決まる。その意義をどう捉《とら》えるかは、人それぞれだった。最後まで東大の併合に反対した天野と、「一高の滅亡」と嘆いた安倍、二人の元一高校長は、その後文部大臣となって、新時代の教育行政に携わることになる。

東大総長には南原繁《なんばらしげる》、教養学部長には矢内原忠雄《ただお》が就任した。両者の名は終戦後しばらくの間、大学の内外で、頻繁に聞かれるようになる。

新しい寮規約

新制東大への移行にともなっては、当然寮も影響を受ける。一高の寮生たちは「寄宿寮準備委員会」において、新しい自治制を考えた。一高がなくなるのと同時に、これまでの原則全寮制は廃止され、新制東大では、希望者が入寮する制度へと変わる。

日本で新憲法が公布、施行されたのと同様に、寄宿寮でも新規約が検討されることになった。その際、まず最初に議題に上がったのは、文面をこれまで通りの文語にするか、それとも新しい時代らしく口語にするか、という点だった。古びたノートに記された議事録には、以下のやり取りが記録されている。

田原：文語が可。口語は未発達の言語にして表現明瞭《めいりょう》を欠くおそれあり。文語は然《しか》らず。正確なればなり。

高橋：現今、凡《あら》ゆる法律は口語で記されあり。より民主的なり。
田原：そは無智文盲の輩《やから》にも理解せしめんとの意よりなり。凡《およ》そ、この学校に入り来る者、無智文盲といふことなし。文語に若《し》かず。
北原：口語が可。さして口語が不明瞭といふこともなからん。憲法が口語にて記されてあれば、口語にするが可。

結局、口語を用ふることに決定する。以下逐條審議。なほこの際、仮名遣ひ問題となり、歴史的か、新仮名遣ひか。結局、歴史的仮名遣ひを取る。書き易いが故。

文語を主張する田原委員の発言は、一高生にはこうしたエリート意識があった、という一例であろうか。一方で議事録作成者は、口語を主張する高橋委員の発言中の、「民主的」という言葉に、下線を引いて強調をしている。これが新しい時代の雰囲気だったのだろう。
北原委員が言及している日本国憲法は46年11月に公布され、半年後の47年5月に施行されている。寮内規約も、新憲法と同じく、歴史的（旧）仮名遣いではあるが、口語で記されることになった。
ちなみに貴族院・帝国憲法改正案特別委員会の委員長として、憲法の草案作成に深く関わった安倍能成の回想によれば（『戦後の自叙傳』新潮社、１９５９年）、新憲法を平仮名口語体にするのに努力したのは、作家で貴族院議員の山本有三《やまもとゆうぞう》である。山本は一高、東京帝大卒だった。安倍は国語審議会の会長も務め、新仮名遣いを正式な表記として採用し、推進することにした。しかし安倍自身はその後も新仮名遣いは使わなかった。

安倍は回想録で憲法草案作成の経緯について、率直な物言いで振り返る。「新憲法の原案が貴衆両院に於《お》いて修正を受けはしたけれども、アメリカの押しつけだつたことは、私の実際見聞した事実」だと安倍は記す。

一方で、「軍備の撤廃と戦争の放棄」については、「改正憲法の核心として動かすわけにゆかなくなつたのも亦《また》、已《や》むを得ぬことであろう」と述べている。「戦場に赴いた青年学徒の、敗戦によつて感じさせられた戦争の無意義、悲惨、空虚、消耗の意識」はまだ生々しいものだった。

ところで敗戦直後の反省と決意を表した文章といえば、憲法の前文などとともに、角川《かどかわ》文庫の巻末に掲載されている一文を思い起こす人も多いだろう。


第二次世界大戦の敗北は、軍事力の敗北であった以上に、私たちの若い文化力の敗退であった。私たちの文化が戦争に対して如何《いか》に無力であり、単なるあだ花に過ぎなかったかを、私たちは身を以《もっ》て体験し痛感した。西洋近代文化の摂取にとって、明治以後八十年の歳月は決して短かすぎたとは言えない。にもかかわらず、近代文化の伝統を確立し、自由な批判と柔軟な良識に富む文化層として自らを形成することに私たちは失敗して来た。（中略）一九四五年以来、私たちは再び振出しに戻り、第一歩から踏み出すことを余儀なくされた。これは大きな不幸ではあるが、反面、これまでの混沌《こんとん》・未熟・歪曲《わいきょく》の中にあった我が国の文化に秩序と確たる基礎を齎《もた》らすためには絶好の機会でもある。

（角川源義《げんよし》「角川文庫発刊に際して」1949年5月3日）

1949年、角川書店創業者の角川源義がそのような宣言をしていた頃、新時代の駒場寮生たちは、新しい規約のもと、新しい時代の学生生活を始めようとしていた。

地方出身者の宿

旧制一高は、1学年が三百人程度だった。そして3学年で、約千人となる。一高は、原則として全寮制で、駒場寮4棟は、この千人を収容してちょうどよい、という規模だった。

しかし、新制東大の教養学部ともなれば、学生数は激増する。1949年、新制第1期の新入生は、1学年で約千八百人だった。

後にはこの新入生の数は増えていき、最終的には三千人以上となる。旧制一高時には約千人で使っていたキャンパスを、新制東大では三千人以上×2学年+アルファで、七、八千人もの学生が使うようになった。

戦後しばらくの間、かなりの高倍率をくぐり抜けないと、駒場寮で暮らすことはできなかった。その基本的な条件は、家庭の収入がそれほど多くないこと、そして実家が駒場から遠いことである。必然的に寮生は、地方出身の庶民の子弟で占められるようになる。

東大合格者を多く輩出する都内の高校といえば、戦後しばらくの間は都立の日比谷《ひびや》、戸山《とやま》、西、近年では私立の開成《かいせい》、麻布、国立の筑波《つくば》大附属駒場、学芸大附属などが有名である。東大ではこれらの高校の出身者が常にマジョリティを形成してきた。しかし駒場寮の中に限っては逆に、そうした都内の高校の出身者は、ほとんどいない。

ちなみに、東大は戦後から、女子の入学も認められた。新制第1期の新入生約千八百人のうち、女子はわずかに9人だった。駒場寮では「女子禁制」という古いルールは撤廃されたが、男子しか暮らすことができない、という点については変わらなかった。

女子のための寮は、それからしばらく後に、白金《しろかね》の地に建てられた。自治寮という点においては、駒場寮や三鷹寮と変わらない。

この戦後すぐの時代に、学生寮が大学側に接収される事件が起こった。あまり知られていない駒場寮の史実の一つとして、南寮問題について記しておきたい。

"Une Saison en Enfer"
この小さな書物が僕の唯一のバイブルであった。
一九四六・九・二七夜　於一高南寮二番寝室
（原口統三『二十歳のエチュード』ユリイカ、1948年）

南寮2Bで原口が、アルチュール・ランボーの詩集『地獄の季節』を読んでいた終戦直後には、まだ南寮は、学生側の施設だった。

駒場寮は明寮、北寮、中寮、南寮の4棟から成っていた。そして戦後、一高から新制東大教養学部へと移行する過程において、南寮は学生側の手を離れ、大学側に管理権が移っている。学制が切り替わる際に寮生の数が一時的に大きく減ったのが、その理由である。その間、一時的に、大学側が使うものとして、教員用の研究施設となった。

新制東大となり、学生数は激増し、駒場寮には入寮希望者が殺到した。しかし南寮をのぞく3棟だけでは定員を大きく超えているため、多くの希望者が寮に入れない。寮委員会側はすぐに、教養学部当局に対して、南寮を返してほしいと要求した。対して学部側は、いずれは返すとしたものの、いつとは言明しなかった。

そうして、いつまで経っても南寮は返ってこない。歴代、しっかりしているはずの寮委員会も、南寮の管理権の移行時については口約束ですませ、学部側との間で確約文書を残していなかった。

そして結局、最後の最後まで、南寮は返ってこなかった。立場の弱い側が一度譲った権利は、容易に取り戻すことができない、という一例であろう。この南寮問題に代表されるように、寮自治会側が大学側に抱いていた不信感は、時代が下るにしたがって解消されるどころか、むしろ次第に大きくなっていく。

南寮はやがて「第一研究室棟」、略して「一研」と呼ばれるようになった。一研の裏には、ロールプレイングゲームの隠し部屋のような、意外な位置に安い床屋があって、90年代にも営業を続けていた。私もしばしば利用した。うっかりしていると、ばっさり切られてしまうという評判だった。

寮食堂史Ⅰ・賄征伐

若い学生、昔風にいえば書生は、大人の目から見れば、いつの時代でも無茶なことをする。もちろんあまりにひどいことであれば、分別のある大人の側から忠告をしなければならない場面もあるだろう。一方で、若者をどれだけ寛容な目で見ることができるかで、個々の大人も、そして社会も、そのふところの深さがはかられる場面もあるだろう。

幕末期に私塾や剣術の道場で学ぶ若者たちもずいぶんフリーダムな感じがするが、そこは次第に高揚しつつある時代の空気を反映をしたのだろう。明治維新の原動力となったのは、その若者たちだった。

明治に入って学校の制度が次第に整備されてくると、早くも暴れ者の学生が登場する。学生たちの下宿先や寄宿寮において、もっぱらテーマとなったのは、食事の問題であった。基本的に学生は金がない代わりに、いつも腹を空《す》かせている。食事の問題は、切実だった。

寄宿寮では、学生側は食事に関する不満を理由に、食事を用意する出入りの業者や従業員（賄《まかない》方《がた》）に対して、しばしば暴動を起こした。これを「賄征伐《まかないせいばつ》」と呼ぶ。明治から昭和のはじめにかけて、賄征伐は全国で起こった。賄方も、やられっぱなしではない。しばしば果敢に応戦し、時には先手を打って、ストライキなどを仕掛ける場合もあった。

1883年、できたばかりの東京大学では、146人が賄征伐で退学処分を受けた。しかしこの処分は重すぎるというので、後に多くの学生が復学した。その中には後の首相、平沼騏一郎《ひらぬまきいちろう》も含まれている。

1885年、駒場農学校（東大農学部の前身）の寮で起こった賄征伐の中心人物は古在由直だった。古在は後に東京帝大総長に就任している。賄征伐の件については、若き日の黒歴史、というわけでもなく、東大が公式に発行しているパンフレットでも堂々と紹介されている。学生時代の他愛ない、面白いエピソードというぐらいの扱いなのだろう。

1888年には、一中（一高の前身）の寮で正岡子規《まさおかしき》らが賄征伐を起こした。子規はこの話を随筆『筆《ふで》まか勢《せ》』の中で書いている。子規らは日頃から、食事に不満を抱いていた。そこで賄方を相手に大騒ぎをし、生徒11人が停学退舎処分を受けた。この処分は騒動に参加していない生徒が濡《ぬ》れ衣《ぎぬ》で罰せられるなど不当なもので（逆に参加していた子規はなぜかスルーされている）、後に撤回されている。

一高の寄宿寮の総代会でも、この賄征伐が総代会で提案されたことがある。これは否決されて、当時の寮委員会は総辞職した。

1897年の賄征伐は大がかりなものだった。「丘《おか》の蛙《かわず》」というペンネームの著者が書いた『寮のさゝやき　一高三高学生生活』（磯部甲陽堂、1916年）には「（明治）三十年の役」と題して、詳しく紹介されている。


運動部の代表者を初め、生徒中のきけ者、伊達《だて》役、顔役、彌次馬《やじうま》が、それぞれ手に手に撃剣道具を提げ、鎧《よろひ》見たやうな者で身体を被《お》ひ、竹刀の類を振り廻《まわ》して賄部屋に乱入に及ぶと、かねて賄の方でも用意をしてゐたと見えて、出刃庖丁《ほうてう》、肉切りの半月形を縦横に振り立て、上を下へになつて一騎打の大騒動を演じた。


寮生側と賄方の争いは、最終的には、巡査までやってくる騒ぎとなって、戦いとしては引き分けに終わった。ただし主張としては寮生の側の方が通って、賄方は放逐されている。

学生側と賄方、どちらに非が多いのかは、ケース・バイ・ケースである。確かに食事やサービスがひどい、という場合もあれば、学生側のエリート意識、賄方に対する蔑視があからさまで、わがままと言われても仕方がない、という場合もある。

大正に入ってから、一高の寮では業者への委託ではなく、自分たちの手で寮食堂を直接経営する方針へと転換した。これならば、自分たちの好きなように運営することができる。ただし、それは同時に、寮委員会側が大変な手間と責任を引き受けることにもつながった。

寮食堂史Ⅱ・従業員雇用問題

戦時中の駒場寮は数々の困難に見舞われたが、中でも深刻だったのは、千人の寮生の食糧問題だった。

それまで寮生たちは、食事の心配などする必要がなかった。米飯はおかわり自由で、いくらでも食べることができた。しかしそのうちに盛切り（1杯だけ）となり、さらには米が出ることはなくなった。

東京の中心にあっても、いやむしろそうだからこそ、食糧は思うように手に入らない。寮委員会の中でも、寮食堂の運営をになう食事委員たちの苦労は、並大抵のものではなかった。食事委員たちは、つてを頼り、地方に出かけては、食糧の調達に努めた。それでも、食べ盛りの寮生たちの空腹を満たすには、とても足りない。

平田穂生《ひらたさきお》はこの時期に食事委員だった学生である。戦後、自身の子に食いはぐれのないように、という願いを込めて、ラテン語で「稲」という意味を持つ「オリザ」という名を付けた。後の劇作家の平田オリザである。

やがて戦争は終わった。しかし、それからもまた、食糧難との闘いは続く。1945年、戦争が終わる少し前に一高に入学した小柴昌俊は、寮委員を務めた。


食糧の調達や食堂の経営も、全寮委員会の仕事だった。そのころの食糧事情といったらひどく、毎日イモとかカボチャとか、メニューはお仕着せの一種類だけだった。

（小柴昌俊『物理屋になりたかったんだよ』朝日選書、2002年）


ちなみに、小柴は後に、副寮委員長候補として、寮内の選挙に出馬している。このときの小柴は自らを「保守派」と位置づけていた。対立する候補は上田耕一郎《うえだこういちろう》（後の日本共産党副委員長）らが推す共産党系だった。結果は小柴らの陣営が勝った。

占領期には、アメリカの民間団体から日本に多数の食糧が送られてきた。いわゆる「ララ物資」である。これらは東大の学寮である駒場寮や三鷹寮にも提供された。しかし駒場寮では、ある不届きな寮委員がこのララ物資を横流しするという、いかにも戦後らしい不祥事が起こっている。当時の寮委員会はその責任を取って、総辞職した（北林道彦《きたばやしみちひこ》『青春の軌跡』文芸社、2002年）。

寮財政が厳しい中で、寮食堂の従業員の待遇に関する問題もあった。寮食堂は寮自治会が雇用主となって、従業員を雇って経営していた。従業員は30人近くもいて、ちょっとした企業並の規模である。仕事は長時間にわたり、ハードで忙しく、朝、昼、晩と、寮生たちに食事を提供し続けなければならない。しかしながら、給料は安い。

戦後は、労働運動が活発になった時代でもあった。寮食堂の従業員たちはほどなく、組合を結成している。

新制東大に移行する前に、寮生側は大学側に対して、食堂従業員を大学側が雇うように提案する。しかし大学側は、その余裕はないと拒否した。寮側はこの要求を断続的に、この後三十数年にもわたって主張し続けたが、ついに実現はされなかった。寮委員会は戦前から引き続いて、従業員を雇用する側として、現実の世界と向き合うことを余儀なくされた。

1954年当時の寮委員会は、理想的な食堂経営を目指そうとするメンバーが揃っていた。従業員の労働条件の待遇向上は、当然積極的にはかるべき、という姿勢が見られる。しかしながら、どうやりくりしていくのか。戦後まもなく、という時代の空気の中、従業員組合側からの突き上げも厳しい。組合側からの「労働協約に関し寮生に訴える」というビラには、たどたどしい文字で、以下のように綴《つづ》られている。

我々食堂労働組合は寮生諸君の代表機関と一週間余にわたって労働協約交渉を開始してい

る。我々が労働協約交渉をする動機はなんであるか。それは奴レイ的な食堂労働者を解放し寮生の食生活を守り破メツ的な食堂経営を復興するためである。一体我々はどういうカン境で働いているか。拘束十二時間半、実働九時間余にして人間の労働の限界を超えている。

（中略）

このような条件の下では「安くてうまいめし」は幻想にすぎない。しかし我々が生産の場をあくまで愛し学生の利益をよろこんで働き努力したいという願望を学生諸君は理カイしてほしい。


理想と現実のはざまで、当時の寮委員会は誠実に対応していたように見える。組合側とは、何度も交渉の機会が持たれた。その1年前に、当時の寮委員長（9期）が、素行不良のため解雇が適当と判断した従業員M氏を、雇い続けることにもした。いろいろ待遇の改善がはかられたが、従業員側にとっては、まだ不満が残った。従業員側から吊《つる》し上げをくったという、当時の寮委員長（12期）の嘆きの声が残っている。

ちなみに問題の従業員M氏は、寮委員を殴りつけるような人物だった。戦前の「賄征伐」の時代のノリを、そのまま引き継いでいたのかもしれない。その2年後には仕事上のいさかいから同僚の女子従業員を殴った。通算4度目の暴力事件である。これが決定的となり、ついに寮委員会側は解雇を通告した。懲戒解雇扱いでも仕方がなさそうだが、寮委員会側は従業員組合と話し合いをし、M氏のその後を考えて、寮生の一月あたりの寮費が百数十円という時代に、退職金2万円以上を出している。

寮食堂史Ⅲ・界隈の飲食店との競合

これだけ先人が苦労して維持し続けた寮食堂は、寮生たちにはどう評価されていたか。営利事業ではないため、町の食堂に比べれば、はるかに安くてボリュームのある食事が提供され続けた。食事が余るとさらに安く提供されるため、その旨を告げる放送が流されるや、多くの寮生が食堂に押し寄せ、列を作った。

やがて時代が安定してくると、何よりも食べることが最優先、という風潮ではなくなった。寮食堂の食事は、確かに安いが味はどうも、という評価が一般的となり、以前のようには利用されなくなっていった。

後に『美味しんぼ』の原作者として有名となる雁屋哲は、寮食堂の食事を、

「今、思い出しても気持ちが暗く沈んでしまうほどまずかった」

と酷評している（『美味しんぼ主義』角川書店、１９８９年）。

一貫して経営が苦しかった寮食堂だが、60年代の一時期、突然儲《もう》かるようになる。岩元博人《いわもとひろと》

（63年入寮、42期寮委員長）は、次のように回想する。

（前略、従業員の）年末のボーナスをどうするかというやりくりが頭の痛いところでした。稼がないかんということで、寮生は夜中、起きているわけですね、それで駒場下の商店街に食べに行くわけですが、どうせ水光熱費は学校持ちなんですから、寮の食堂を遊ばせておく手は無かろうということで、始めはこぢんまりと、残業してもらっておにぎりを出し、それからおでんに焼き鳥。これが当たりに当たりまして連日長蛇の列で稼ぎに稼ぎました。

勢い余ってさらにビールを売りました。丁度サントリーさんがビールを出し始めて三年目くらいで、「東大です。安く売ってくれませんか」と言いに行くと、「いいよ、タダであげるよ」と小瓶、スタウト瓶を大量に送ってきました。これがまた良い商売になりまして一本50円で売りましたが滅茶苦茶《めちゃ》もうかりました。

（『東京大学駒場寮同窓会会報』創刊号）

従業員にボーナスを払ってもまだ余る。さらには奈良《なら》まで2泊3日の従業員旅行までできた。寮食堂が儲かることは、誰にとってもいいことずくめのようである。

しかし必ずしも、そうとは言えなかった。駒場キャンパスの周辺の商店街の売り上げがはっきり落ちてしまったのだった。商店街側からは大学を通じて、寮食堂の遅い時間の営業はやめてもらえないだろうか、という申し入れがあった。大学と地元の商店街とは、共存共栄の関係にある。それをきっかけに寮側も、食堂で夜食やビールを売ることはしなくなった。

駒場の商店街にとってはもちろん、東大生は大事な客である。その中でも駒場寮生は、地元の住民でもあり、お得意様であった。一方で寮生たちは、ときにシビアな客となる。

駒場前、現在の言い方では駒下の商店街には、山口屋というそば屋があった。1992年までずっと営業していた。東大出身者が駒場での学生生活を語る際には、しばしば登場する店の一つである。

50年代半ば、この山口屋が、もりやかけのボリュームを減らし、他のメニューは少しずつ値上げしたことがあった。寮生たちはたちまちこれに反応した。寮内では「山口屋対策委」という、大仰な名前の委員会が立ち上げられた。委員会は寮生にアンケートを取って、その結果をもとに山口屋と交渉する。山口屋の店主は、さぞびっくりしただろう。その結果、値段やボリュームは、以前のままに戻った。

そのしばらく後には、山口屋の2階で、商店街の店主たちと、駒場寮生との間で、懇親会が持たれた。議事録の出席者を見ると、太田屋（肉屋）、角屋《かど》（パン屋）などの老舗《しにせ》は、当時から営業していたことがわかる。

ある店主が、寮生が夜中に大声で歌うのは迷惑なのでやめてほしい、と言えば、別の店主が、学生さんあっての商店街なのだから、多少のことは大目に見ましょうよ、などと言ったりしている。商店街側、駒場寮側、いずれも率直な意見を出し合っていて、面白い。最後はみんなで山口屋のそばを食べて、締めている。

90年代、角屋では、サンドイッチを作る際に切られたパンの耳が大量にビニール袋に詰められ、20円で売られていた。それは真に金のない寮生にとって、最後の救いとなる食料だった。小池龍《こいけりゅう》之介《のすけ》（98年入寮）は寮で印象に残る人物として、「パンの耳しか食べない哲学者」を挙げている（『週刊朝日』２０１５年3月20日号）。角屋ではいまでもパンの耳が売られ続けている（２０１５年10月現在は40円）。お笑いタレントの遠藤章造《えんどうしょうぞう》（ココリコ）は若い頃、角屋の向かいのアパートに住んでいて、この店のパンの耳を思い出の味として、テレビ番組で取り上げていた。

寮食堂史Ⅳ・駒場小劇場誕生

寮食堂の経営が本格的な危機を迎えるのは、１９６０年代末のことである。寮食堂は寮生のみならず、通学生もまた多く利用していた。しかし68年から本格化した東大闘争で、各学部では長くストライキが続いた。学生によるストライキは、結局誰が損をするのか、という話がある。さしあたり寮食堂にとっては、大打撃だった。駒場キャンパスから通学生の姿が消えたため、寮食堂の売り上げは激減している。赤字額は３００万円以上に達した。当時の記録には、このままでは破綻《はたん》するという、寮委員会側の悲痛な声が残っている。寮委員会側はここでも従業員の公務員化を大学側に訴えたが、やはり実現はしなかった。

80年代に入って、食堂の経営問題はいったん解決する。運営を大学生協に委託することが決まったためである。メニューに関しては若干の値上げはあったが、食堂維持費の負担がなくなったため、その分、寮生が毎月支払う経常費は安くなった。生協による寮食堂の運営は、93年まで続いた。

食堂を維持することによって、寮側は食堂の管理権をそのまま維持できた。広い寮食堂の空間は、学生が自由に使える場所としての意義が大きい。

寮食堂は、北ホールと南ホールに分かれていた。食堂の利用者が減るのにともなって、北ホールは使われず、倉庫同然になっていた。そこに目をつけたのが、劇団関係者たちだった。76年、野田《のだ》秀樹《ひでき》（75年入学）らはここに建築用の鉄パイプを持ち込み、舞台を作り、演劇の公演を始めた。やがて北ホールは、「駒場小劇場」とも呼ばれるようになった。

堂前雅史《どうまえまさし》（78年入学）の趣味は、芝居見物だった。この年、野田秀樹が率いる「夢の遊眠社《ゆうみん》」の公演を見たのが、堂前にとっては大きな転機となった。

こんな面白いものが高い金出して大劇場に観に行かなくても身近に見られることに驚いていたら、1979年の春、「夢の遊眠社」で新人募集の立て看板が出ていた。あんなに面白い芝居なのだから、さぞや大勢が殺到しているかと思いきや、駒場寮内にあった薄暗い部室に尋ねていったのは、私と私に誘われてきた同級生の二人だけであった。

（『東京大学駒場寮同窓会会報』第2号）


堂前はそのまま夢の遊眠社の制作スタッフとなって、演劇活動にのめり込むことになる。公演の直前には、寮食堂北ホールで徹夜で作業した。寮の部屋で仮眠をしたり、北寮の自販機コーナーで夜食を取ったりできるのは、北ホールが寮の一部として機能しているからだ、と感じた。79年9月、堂前がスタッフとして関わった、劇団夢の遊眠社第8回公演『少年狩り　末はあやめも知れぬ闇』が公演された。客席の上に飛行機を飛ばすという設定だったのだが、それを支えるワイヤを固定するためには、壁を壊して鉄骨に掛けるしかない。そういうことが大目に見られるのも、寮の施設だからだった。

なし崩し的に作られた「駒場小劇場」は、やがて「寮食堂北ホール運営協議会」によって運営されるようになった。名目上は教職員の委員も参加していたが、実質的には寮委員会や学内自治団体、劇団の代表らで構成される学生側の委員が運営を仕切ることになった。堂前はこの協議会の議長になった。大学側と駒場寮側の間でうまく立ち回り、劇団が自由に使える空間を確保することに専念した。何度も不測の、あるいは必然のトラブルが起こり、堂前が書いた始末書の数はかぞえきれなかった。

駒場寮と汚さ

私はよく、東京で知り合った新しい知人たちを、駒場寮に呼んだ。そして、「本当にここに人が住んでいるの？」などと驚く、そのときの反応が興味深かった。

「駒場寮の魅力は、その混沌の中にあり」という趣旨のことを言うのは、だいたい、駒場寮で暮らした寮生たち自身である。

その一方で、寮に関わりのない人からはよく「駒場寮なんて古くて汚いだけだ」という声が聞かれる。ともかくも「汚い」というイメージが強いのだろう。マスコミ側が好んで撮影し、紹介するのはだいたい、きちんと片づいている面白みのない部屋ではなく、散らかり放題の面白い部屋である。

駒場寮を語る際に使われる代表的な言葉は「古い」と「汚い」だ。ただし、古いと汚いはイコールではない。この二つの言葉は、分けて考える必要がある。「古いけれど、美しい」ということもあれば、「新しいけれど、汚い」ということもあるだろう。

明治の時代に木下校長が与えた四綱領の一つは「衛生ニ注意シ清潔ノ習慣ヲ養成セシム」というものだった。その理念は守られていたとは言い難い。規律で縛られた兵舎などとは対照的に、自由に暮らす学生の部屋は乱雑なものと、相場は決まっていた。

昭和に入って、一高が駒場に移り、新築でぴかぴかの駒場寮が建てられた。この最初の時点からすでに、寮生の部屋は散らかり放題だった。竹山道雄は一高の部屋の様子を、『新女苑《しんじょえん》』という若い女性向けの雑誌に、以下のように記し、また当時の寮生たちを弁護している。

部屋はまるでごみ溜《ため》のようで、幾度清潔運動がおこってもまたいつの間にか元の有様にかえりました。服装もきたなく、ことに終戦前後などは、今だったら乞食《こじき》としか見えないでしょう。

しかし、このような無頓着《むとんちゃく》は、じつは精神的清潔のあらわれでもあったのです。ことに戦争中は高い精神力を発揮しました。あの一見しただらしのなさは、俗流への反抗でした。身のまわりに気をつけることは、下らない瑣末《さまつ》なことに思われたのです。おしゃれをすることなどは唾棄《だき》すべきことでした。事実たまにおしゃれをする人がいると、その人はあまり人間として感心しない人でした。若い人たちはただ一途《いちず》に理想の夢を追っていました。これが不精と結びついて、あのような結果を生んだのでした。一高の蛮カラは有名でしたが、今もし『新女苑』の読者諸嬢があれを見たら、きっと「何という奇人だろう！」と胆《きも》をつぶすか、笑い出されるだろうと思います。

（竹山道雄「二十歳のエチュード」『新女苑』1954年4・5月号）

以上は一高の生徒たちによく慕われた竹山らしい、かなり好意的な見方であろう。身なりにかまわず、樽の中で暮らしたという古代ギリシャの哲学者、ディオゲネスを連想させるような書きぶりだ。

戦後の駒場寮では、「女人禁制」という古い不文律は適用されなくなった。そこで、東大に入学した息子はどういう生活を送っているのだろうかと、母親が寮を訪れることがあった。そして、寮生の母たちはたいていは絶句して、言葉を失うことになる。

1952年11月、秋の駒場祭を前にして、細溪正子さんという女性が、駒場寮を訪れた。細溪さんは『朝日新聞』夕刊の投稿欄「ひととき」の投稿者だった。「ひととき」は戦後に増えた女性投稿者のための欄として人気を博し、現在も続いている。甥《おい》が学生という細溪さんは、読者を代表して、駒場寮のレポートを書くことになった。そして、寮生の部屋を見て、驚いた。


まったくその部屋はワンダフル！　と叫びたくなるほどすごい。つまり掃除がゆきとどかない室なのであった。

（『朝日新聞』1952年11月14日夕刊）


細溪さんはずいぶんと控えめに書いている。おそらくは、想像を絶する汚さだったのだろう。寮生に対して「これで気持ち悪くありませんか」と率直に聞いている。

その部屋の扉には、横文字で何か書かれてあった。尋ねたところ、それはドイツ語で、「戦争はイヤだ」という意味だったという。

女学生掃除アルバイト論争

この頃（1952年）の『朝日新聞』には、立て続けに駒場寮に関する記事が掲載されている。前述の細溪さんの記事から数日後、今度は「現代学生気質《かたぎ》」というコラムを高橋健二《たかはしけんじ》が寄稿する。高橋は一高OBで、ヘルマン・ヘッセの『車輪の下』の翻訳などで広く知られているドイツ文学者である。戦時中に大政翼賛会の文化部長を務め、戦後は公職追放となった。やがて追放が解除され、この頃には中央大の教授になっていた。高橋は駒場祭を訪れ、寮デコを見た際の感想を述べた後、最後にこう結んだ。

それにしても駒場寮室の不潔さは論外である。社会の合理化を主張するものは、自己の身辺の合理化をも考えてしかるべきであろう。寮生自身は研究やアルバイトにせわしくて暇があるまいから、アルバイトの女学生を、二、三日たのんで、身のまわりをきれいにしてもらったらどんなものであろう。

（『朝日新聞』1952年11月19日朝刊）

ある駒場寮生は、この高橋の寄稿を読んで、普段から文通をしている母に手紙を書いた。

「ゲル（金）さえあれば（女学生を掃除のアルバイトに雇うことを）、やってみても悪くないな、と友人と話し合ったものです……」

息子からの手紙を読んだ母は、ギクッとした。そして高橋の意見に対して、反論を投稿することにした。この駒場寮生の母である投稿者は、今井《いまい》キヨさんという女性だった。

高橋健二氏の駒場祭についての評（十九日付、学芸欄）を読み寮の掃除を女学生のアルバイトにしてはどうかとのご意見に、どこまで女子をけいべつされるのか、古い考えの方だなあくらいに思っていましたところ、今日はからずも寮生達が、高橋氏のご意見が大いに気に入りなんとか実現させたいものと相談し合っているということをきき、あぜんとしました。

自分のよごした部屋ぐらい自分で掃除をしてはいかがでしょう。内面的進歩発展をはかるためと称して、夜を徹してダベルことを誇りとし、かつ楽しみとしている寮生たちは、自分の落した紙くずを拾い、自分の机にチョットぞうきんをかける、わずか五分ぐらいで出来る仕事を、はずかしいこと、苦しいこととでも思っているのでしょうか。そのくらいのことが、どうしても出来ず、アルバイト学生に頼みたいなら、同じ寮内の学生のうちにお求めなさい。

男は散らかし、女が後片づけをしてまわるものという考えは、もう棄てましょう。こんな学生が、やがて家庭をもった時には、きっと自分のふとんの上げおろしもせず、妻が家事の雑用に追われて、きりきり舞いをしている時、のんきにタバコをふかしていることでしょう。女学生の方々、こんなつまらないアルバイトには応じないで下さい。

(『朝日新聞』1952年11月30日夕刊)


ぐうの音も出ないほどの正論であろう。今井さんの主張には見識の高さと、戦後の自由の雰囲気があふれている、と言ってもいい。

高橋教授と今井さんのやり取りをめぐっては、多くの意見が寄せられた。そのほとんどは、今井さんを支持するものだった。一方で、駒場寮生の中には同意できないものもいた。今井さんの息子もその一人である。息子は母に対して、再び手紙を出す。

「ぼくたちが女学生のアルバイトに賛成なのは、なにも彼女たちに実際に働いてもらうのが目的じゃないんです。とにかく、メッチェン(娘さん)が、ぼくたちの部屋に侵入して来ることに対するバクゼンたる期待からなのです」

この息子の手紙に対して、母は再び紙面で答える。

（前略）ご自分でお部屋をきれいに片付けたうえ、堂々と女学生をご招待になってはどうでしょう。お花の一つも、あなたの机にいけてくださるでしょう。それからは、お得意のダベリングでもなさるのですね。早くそんな日が来るように、お母さんは祈っています。

お母さんは、本当にユーモアを解することの不得手な女です。しかし、いままでのように、女というものが、おさえつけられて来ていると、つい考えが小さくなってしまうのですね。どうぞ、あなたがた若い方たちは、女学生の人格も才分も十分認めて、お互に対等に話し合い、ユーモアも解し合えるようにして下さい…

（『朝日新聞』１９５２年12月7日夕刊）

この返し方も見事と言うよりない。息子の駒場寮生がその後、部屋をきれいに片付けて、メッチェンを招待したのか、まではわからない。なお、再度の高橋教授の寄稿や他の駒場寮生たちの声も同日の紙面に掲載されているが、今井さんの発言の前には霞《かす》んでしまいそうなので、ここでは割愛する。

大掃除敢行

戦時中のように軍部の査察があるから、というわけでもなく、寮生たちも自主的に、やる時はやる、という一例を示したい。

高橋健二の寄稿からしばらく後、1953年4月のことである。新入寮生を受け入れる春、というタイミングで、寮では史上空前の規模で、大掃除がおこなわれた。「部屋をきれいにして女学生を呼ぼう」という目的ではない。学生診療所長の重田《しげた》定正《さだまさ》教授から「これでは結核の温床」と警告されたことがきっかけだった。

また寮では入口で靴を脱ぐ規則があったが、この頃には有名無実化し、土足のままで出入りする者が絶えなかった。そこで寮委員会ではまず中を徹底的に掃除した後で、「土足厳禁」を実行しようとした。『読売新聞』は、このときの掃除の模様を伝えている。


これまで学生寮といえば土足、万年床がつきものとされていたが、東京大学教養学部の駒場寮（旧一高寮）では「気持のよい学生生活をおくろう」という寮生の声が高まり、このほど〝土足厳禁〟を実行、寮生の手で電気洗濯機、真空掃除機から来客用上ゾウリまで備え、〝きたない〟伝統にサヨナラした。

（中略）駒場寮はコンクリート三階建で三むね計百五十室、学生九百卅名を収容している。この〝土足〟の問題は一昨年ごろから話題になっていたが、四月はじめ東大教養学部学生診療所長重田定正教授が専門的な立場から「これでは結核の温床」と診断、ついに寮委員会が動き出したもので、まず委員長の文学部二年城石尚治《しろいしなおはる》君以下委員十九名が各室をまわり寮生の賛成を得てから委員がハダシになり四月十六、七の両日廊下を水洗いし通学生や運動部員の協力もえて〝土足厳禁〟を実行した。

この運動には極左の日共細胞も極右の再軍備論者も一致して協力、社研、政経研は特に〝土足厳禁〟支持を表明して運動を推進した。ついで同十九日全寮員で各室を水洗いし、同廿一、二の両日には再び廊下の水洗い、廿三日と、この六、七日の油しきもスラスラと運び、寮内は見違えるほどきれいになった。

（『読売新聞』1953年5月11日朝刊）

数ヶ月前の『朝日新聞』紙上の女学生掃除アルバイト論争では、こんなことが新聞記事になるのかと憤慨している寮生もいた。同じように、大掃除でもまた記事になる。それだけ東大の駒場寮は注目されていた、ということだろう。もちろんこの時の掃除は女子学生に手伝ってもらったわけではない。すべて男子学生の寮生たちで実行された。

「（寮生たちは）『もうきたない昔にはもどらぬ』と大へんな鼻息」

と新聞記事では伝えられている。

土足厳禁の掟

寮の衛生を保つ上で必要不可欠と目され、大変な決意の上に厳守されようとした「土足厳禁」の規則は、やはりというべきか、再び守られなくなっていく。

駒場寮の廊下と部屋は、板敷きになっている。公共スペースである廊下は、長い間ずっと、土足厳禁が原則だった。玄関で靴を脱ぎ、下駄《げた》箱に靴を入れて、上履きに履き替える。外部からの訪問者は、寮側で用意した赤いぞうりに履き替えて、はじめて中を歩くことができる。

しかしこの規則を破る者は、後を絶たなかった。理由はいくつもある。そもそも下駄箱の数が足りない。さらには外来者用の赤ぞうりも足りない。それを補充すればするだけ、誰かがどこかに持っていき、消えてしまう。そもそも廊下は雑然としていて、きれいとは言いがたい。そうして長年にわたって、土足厳禁の規則を破る者たちと、取り締まる寮委員たちとの間で、不毛な捕物劇が続いた。

新聞でも取り上げられた大掃除からわずか2年後。17期寮委員会は以下の掲示を出している。


諸君！

土足を止めようではないか。

現在程公然と土足が横行したことは且《か》ってなかった。寮自治は危機に瀕《ひん》していると云っても過言ではあるまい。規則を犯している諸君の良心に切に訴える次第だ。良心の麻痺《まひ》しているものに対しては止むを得ないから当方では何らかの強硬なる措置をとるつもりだ。尚《なお》ゲタ、サンダル等を上履きとして使用することは認めない。

第十七期査察部
「寮自治は危機に瀕している」とは、なんと大げさな、と思う寮生もいただろう。しかし、規則は規則。それも自分たちが総代会で議論の末に決めた規則である。

査察部員たちの腹の内はさらに固まっていた。当時の査察部の日誌には、部員たちの本音が記されている。

我々の本当の腹の底は前記ビラにある如く、寮生の良心などにはまずまず期待していないといってよい。この問題は輝かしい伝統をもって充分議論されて来て居り、既に終着点に達したかの感がある。まことに最近の土足の跳梁《ちょうりょう》ぶりは目に余るものがあり、注意をしても土足者の方で不思議な顔をするのではいささかテレざるを得ない。この上は我等の取るべき道は只《ただ》一つ《力には力を‼》

《力には力を‼》とは、並々ならない決意である。もっとも、後に学生の自治を大きく揺るがすことになる、左翼セクト同士による凄惨《せいさん》な力の抗争を思えば、ずいぶん牧歌的とも言えよう。
土足厳禁に違反した寮生からは罰金だけでなく、始末書も取られた。以下は１９５９年に提出された始末書の例である。

［始末書］　33年度入学　学生証番号＊＊＊＊　中寮10番S　氏名○○○○
前総代会議長の身でありながら、寮規約を無視して土足を行った。
私儀　今般右記の如き行為をなし、多くの寮生に御迷惑をおかけしてまことに申訳けありません。ここに始末書を提出してお詫《わ》びすると共に　今後かかる行為は絶対にしないことを誓います。
昭和34年6月8日
第28期駒場寮委員長殿

［始末書］　6月19日　北寮3番S　氏名○○○○
サンダルを上・下兼用で使用しているところを査察に目撃され、それに反抗しました。

34期（1960年度）の管理部員たちは、この土足厳禁の規則を、さらに徹底的に守らせる方針を打ち出した。違反者からは規則通り、10円の罰金を取る。これには寮生の間から、賛否両論の声が上がった。当時の管理部員の日誌には、以下のように記してある。

最近の管理部の評ばんについて
寮生の意見は二つに分かれ、一つは土足等でもバッシリとりしまってポテントであるという意見と、もう一つは陰険であるという二つの意見であるが、我々はばっしりとやるつもりだ。

ポテント（potent）は、有効、効果がある、という意味である。対義語はインポテント（impotent）だ。ちなみに寮には「インポ合戦」という奇習が存在した。自室の窓を開け放ち、向かい合う寮棟に対して、「北寮インポ！」「中寮インポ！」と、大声で叫びあう。寮生たちはしばしば、ただそれだけの、実に他愛なく意味のない応酬をしていた。
いつの時代でも寮委員というのはだいたい、寮生から煙たがられる存在だった。そしてこの期の管理部員たちは、特に恨みを買っていたようだ。管理部が掲示物を張ると、誰かがはがしてしまう。「管理部の掲示をはがした者は懲罰委員会にかける」という掲示も、またはがされる。
それでも管理部はめげない。総代会で、罰金を10円から50円に値上げする規則を圧倒的賛成を得た上で通し、翌日からすぐに実行に移した。

しかし結局は、この規則は有名無実化した。寮委員会側もいたちごっこに疲れたようだ。土屋《つちや》賢二《けんじ》(63年入寮、哲学者)による、こういう証言もある。


大学入学後の二年間を駒場寮で過ごしたが、寮の生活は天国のように楽しかった。その寮の仲間数人と先日、数十年ぶりに会った。会ってみると、みんな成長しないまま外見だけ老けるという最悪のパターンをたどっていた。こういう連中とどうして楽しく暮らせたのか理解に苦しむ。

思い出を語っているうちに、なぜ楽しかったのか分かってきた。現在では考えられないほど生活がのびのびしていたのだ。寮の規則はあるにはあったが、「土足厳禁」という張り紙を寮委員が下駄をはいたまま廊下に貼る程度の厳しさだった。

(土屋賢二「なぜ若いころは楽しいのか」『妻と罰』文春文庫、2010年)


寮委員も、真面目で厳格な者から、適当でいい加減な者までいろいろだった。

後に土足厳禁の制度は廃止された。だからといって、その後急速に寮内が汚れていった、ということはなかっただろう。もともと寮内は、雑然としていたのだ。

盗難との闘い

共同生活におけるトラブルはいくつもある。その中でも厄介なのは、私物の紛失であろう。盗難は人間不信、疑心暗鬼を生む。戦後、学生寮ではないが、ある企業の女子寮で盗難が発生し、犯人と疑われた女性が、潔白であると遺書に残して自殺する、という悲惨な事件もあった。

寮における盗難の多さという点では、駒場寮も例外ではない。記録に残されている被害を追っていくだけで、驚くほどの盗難事件が存在したことがわかる。寮内の取り締まりのため、いかに寮委員会が力に訴えようとしても、警察ほどの力があるわけではない。

１９１３年の一高の寮で起こった「マント事件」は、菊池寛《きくちかん》の人生を大きく変えた。菊池は級友がマントを盗んだ罪を自分がかぶって、退学処分を受けることになった。この事件のために、菊池は東京帝大に進むことはできなくなってしまった。その級友は東京帝大に進んだが、後には大学の本を盗んだことが発覚し、退学処分を受けている。東大生が盗みなんてするのか、と意外に思われる方もいるかもしれないが、その例は少なくない。

ただし、私が過去の記録を調べて判明した限りでは、寮内の盗難の犯人は寮外者であることの方が、圧倒的に多かった。駒場寮などは寮生数が多く、また人の出入りが多いことから、見知らぬ顔であっても、目立たなかったのが原因だろう。マスコミで報道された記事を一部抜粋する。

調べによるとHは（中略）東大駒場寮に学生服をきて忍びこみ教養学部一年T君（二〇）の腕時計と学生服を盗んだほか昨年七月から捕まるまでに同寮に十四回忍び込んだ（後略）。
（『読売新聞』1958年2月28日夕刊）

盗みの疑いで東京・北沢《きたざわ》署に逮捕された男が、七日までの調べで、東大の駒場寮にちゃっかり半年間も住みつき、〝寮を根城〟に目黒、中野区内などで計四百万円の空き巣をはたらいていたことを自供した。（中略）クラブの合宿や帰省などで学生が不在の部屋を転々と泊まり歩き、昼間は生協の食堂で百三十円の定食を食べるという本物の東大生と全く変わらない生活をしていた。（中略）Kは「中学卒業後、駒場の生協売店から本を万引きしたのをきっかけに、東大に親しみを感じた（後略）」と話している。
（『読売新聞』1974年12月7日夕刊）

盗んだ学生証で東大生になりすまし、相手を信用させてカメラなどを盗んでいた十六歳の少年が、二十八日までに警視庁大崎《おおさき》署に捕まった。（中略）この学生証は七月二十四日、目黒区駒場三丁目の東大駒場寮で手に入れた。出てきた寮生（20）に「来春、東大を受験する。寮を見せてくれ」と頼んで寮内を案内させたうえ、「学生証を見せて」といい、寮生が電話をかけに行ったすきに盗んで逃げた。Ａは『東大生と言えば、だれだって信用すると思った』と自供している。

（『朝日新聞』１９８４年8月28日夕刊）


寮生からの途切れることのない被害連絡を受けて、寮委員会側は繰り返し注意を呼びかける。しかし当の寮委員会側もまた、しばしば盗難被害に遭っている。

たとえば１９５４年、寮の中央会計から、６万数千円もの金が消えてなくなった。寮生一人あたりの寮費が百数十円という時代であるから、大金だ。寮内外の出来事に忙殺されているうちに、会計責任者の金銭の取り扱いが、つい雑になってしまったことが原因のようだ。

金銭の適切な管理は、自治団体の生命線でもある。学部側から自治会費を預かることを提案されても、寮側は断固として拒否した。たとえ形式的ではあっても、大学側に自治会費を預けては、いつしかそれを自由に使うことは制限されるおそれがあり、自治は形骸《けいがい》化してしまう。実際に他の大学では、そうした例もあった。

公金を大量に紛失したことで、寮委員会の責任は重大だ。寮内の司法を担当する懲罰委員会は、寮委員会に対して聞き取り調査をおこなった。杉浦正健《すぎうらせいけん》（53年入寮、12期寮委員長）をはじめ、寮委員会側は、会計責任者は使い込みをするような人物ではない、これは盗難である、と主張した。事件の真相は結局わからない。ともかくも寮委員会側は連帯して責任を取り、この大金を委員たちの共同の負担で埋めることにした。

記録を見る限りでは、この期の寮委員会は、献身的に働いていた。歴代、自治会費から寮委員に支給される活動補償費はわずかなもので、実質的にはボランティアと変わらない。その上でこのペナルティは、多くの寮委員にとっては、気の毒というよりない。

以後の記録を見ると、少なくとも杉浦元寮委員長は、退寮して法学部に進学した後も、律儀《りちぎ》に細々と弁済し続けたことがわかる。杉浦は後に弁護士となった。さらには、自民党所属の衆議院議員となって、2005年には小泉純一郎《こいずみじゅんいちろう》内閣で法務大臣に就任している。

ストーム

旧制高校の時代から、日本の学寮では「ストーム」という風習があった。寮でのストームとは、廊下を練り歩いたり、ドアから押し入って部屋に入ったりと、寮生たちが騒いで回ることだ。一高時代の四綱領では「静粛ノ習慣ヲ養成セシム」とあるはずだが、それはそれとして、ということだろう。

今も昔も、若者たちは騒ぐものである。ストームは寮生活の祝祭とでも言うべきものであろうか。一年中祭りがおこなわれている町はないが、寮ではその気になれば、毎晩ストームをして騒ぐことができる。

ストームの風習は、戦前の旧制高校の寮から、戦後の大学の寮へと受け継がれた。時には鍋《なべ》を鳴らしたり、消火器を噴射したりと、その騒々しさは、戦前と比べても甲乙（あるいは丙丁）つけがたいものだった。１９５９年には鹿児島大の唐湊《とそ》寮で、寮外の学生が深夜に寮内に立ち入ってストームを始め、十人の学生が重軽傷を負って、新聞記事になっている。

戦後の駒場寮でもストームはおこなわれた。それほど多くの寮生が参加していたわけではなかったが、サークルの中では、運動部がストームをすることが多かった。騒々しい、ぐらいでは収まらないこともある。

昭和20年代の終わり頃、あるストームの一団は、寮の備品を壊すだけではなく、北寮1階の生協が運営する売店や、学内の守衛室などのガラスを割って回った。そんなことをするのは、昭和の終わりに、尾崎豊《おざきゆたか》を聴いていた「不良」の中高生だけ、というわけでもないのがよくわかる。誰がガラスを壊して回ったのかは、特定できない。寮委員会側が代わりに平謝りをして、かなりの額を弁償することになった。寮委員会側もいよいよ肚《はら》に据えかねて、今度という今度はもう許されない、今後は規約通り、絶対にストーム禁止、という宣言をした。

ただしその後もしばらくの間、ストームが絶えることはなかった。たとえば前述した向陵会など、バンカラを標榜《ひょうぼう》するサークルは、自分たちが発行した文集に堂々と、左翼の軟弱な連中の言うことなんか聞いてられるか、おれたちはこれからもストームやり続けるぞ、という旨の宣言をしている。

戦後の寮では一貫して、「寮のアパート化」が問題として認識されるようになった。相部屋であっても他の寮生と交流をせず、個人主義的な寮生が増えた、というわけである。この現象は、終始ネガティブにとらえられ、対策はいろいろ考えられた。そして、アパート化を阻止する、という文脈において、ストームぐらいいいではないか、と主張されると、騒ぎを取り締まる寮委員会の側も考えてしまう。そして、一高以来の伝統なのだからと、黙認されているところもあった。

この風習は、いつまで続いていたのかは、はっきりしない。90年代にも規約上、22時以降のストームは、禁止事項のひとつとして残っていた。しかし、廊下で暴れる寮生はいても、これがストームだ、という形では、私はストームを見ることはなかった。

文部省の学寮政策

1935年建設の駒場寮と同様に、戦前に寮舎が建てられた寮を「旧寮」と呼ぶ。1913年建設で、現在では日本最古の学生寮とされている、京都大・吉田寮も旧寮である。吉田寮の本棟は木造2階建てで、2015年現在も、百年前に建設された寮舎がそのまま使われ、普通に寮生が住んでいる。歴史的に見ても貴重な建造物であり、日本建築学会近畿支部は、京都大総長宛てに、保全と適切な活用を求める要望書を提出している。

戦争が終わってからしばらくは、既存の建物を寮として使う、ということもあった。一例としては、大阪市大の旧杉本寮《すぎもと》が挙げられる。進駐軍が接収していた大阪市大の杉本キャンパスには、返還後、兵舎が残された。そこに目をつけた学生たちが、自分たちの判断で住み着くようになった。その後で、大学が自治寮として公認するという形を取っている。

旧寮以降、60年代後半頃までに建てられた寮を「新寮」と呼ぶ。戦後に新たに寮舎が建てられた三鷹寮などは、新寮にあたる。1970年代後半にこれらを壊して建てられ始めたのが、「新々寮」である。

1971年、文部大臣の諮問機関である中央教育審議会（中教審）は、大学の寮に関しては次のような見方をしている。


とくにわが国の大学では、学寮は学生の単なる厚生施設として扱われ、その物的条件も長く劣悪なままに放置されてきた。しかも、学生集団の特殊な意識にもとづく自治活動が学寮の運営に持ち込まれて、ことごとに大学の管理方針と対立するようになった。そして今日では、多くの学寮は、学生にとって教育的に有意義なものでないどころか、さまざまな紛争の根源地とさえみられるような不幸な状態にある。

（「中央教育審議会答申」『文部時報』1971年7月）


中教審の委員や文部省の側にとってみれば、当時の寮のあり方には、不満しかなかった。そうした見方を受けて、１９７５年には、文部省側の理想とする寮のあり方が提案された。いわゆる「新々寮六条件」である。かつて駒場寮生たちが作った資料の要約を引き写すと、次の通りとなる。

一、食堂なし
二、居室個室化
三、大学当局の入退寮選考権
四、経費の負担区分明確化
五、新々寮の定員は建て替え対象寮の実定員
六、管理運営権規則明確化

これらは寮生、学生たちの意見を反映したもの、ではない。もちろん、相部屋ではなく、個室の方がよい、という学生は当時でも多かっただろう。そうした意見が大勢を占め、学生自治会の側が意見をまとめ、大学や行政側に、「これからは個室にしてください」と要望し、それが実現される、というのであれば、筋は通っている。しかしそうではなく、一方的に教育行政側の理想が語られているわけだ。学生の側でも好みが分かれる「居室個室化」以外の項目は、ほぼわかりやすく、学生側の権利を制限するものと見て間違いない。

駒場寮などの学生による自治形式は、実に明快に否定されている。当然ながら全国の学生寮の

自治会は、この「新々寮六条件」に猛反発した。しかしこれ以後はおおむね、この条件を満たす形で、それまでの「寮」とは似て非なる、学生宿舎が設立されるようになっていった。

受益者負担主義

子どもたちが教育を受けると、どのようないいことがあるだろうか。それはもちろん、いろいろな人のためになる。教育を受けた本人は適切な職を得て、適切な収入を得るだろう。さらには、そうした人々が活躍するようになれば、社会全体も豊かになる。

教育には、少なからずコストがかかる。では、公的な教育機関で生じる多くのコストは、誰が負担すべきであろうか。これには大きく分けて、二つの考え方がある。

一つは、まず誰よりも学生本人が利益を得るのだから、学生や家庭が負担すべき、という考えである。これは「受益者負担主義」と呼ばれる考え方である。

もう一つは、教育は社会全体のためとなるのだから、教育機関を設ける社会の側が負担をすべき、教育の分野に受益者負担主義なるものを持ち込むのはおかしい、という考え方である。これを「設置者負担主義」という。

戦後の教育行政改革によって、小学校と中学校は義務教育化され、それにかかる費用は原則、公費でまかなわれるようになった。では大学はどうであろうか。

理想はもちろん、設置者負担主義であろう。戦後の学生運動の大きなテーマの一つは、学費値上げへの反対だった。これは、権利を主張する側からすれば、当然である。たとえ教育を受ける者自身に大きな利益がある、という主張が前提であっても、こちらも教育の大原則の一つである「機会均等」、すなわち、どんな経済状態に置かれている子どもであっても、チャンスは平等に与えられるべき、という考えにもつながる。

さらに言えば、戦後の日本は、子どもたちに教育を受けさせることによって、社会全体が豊かになった。資源のない国である日本にとって、教育とは、唯一の資源である人材を生む手段とも考えられてきた。その政策をさらに推し進め、教育にかかる負担をできるだけなくしていけば、さらに社会全体が富み栄えるのではないか、と。

しかし、近年の日本の教育行政は、受益者負担主義に大きく傾きつつある。

負担区分をめぐって

1964年、『東京大学新聞』のコラム「三四郎」に掲載された駒場寮に関する記事が、大学の内外で波紋を呼んだ。コラムでは、駒場寮では麻雀がさかんで、「奨学金払い」という言葉もあり、負けた寮生の中には奨学金が入るのを待って払う者もいる、という。東大新聞に続く形で、ある週刊誌もまた、この件に関する記事を書いた。

寮生活について、あることないこと、面白おかしく適当にいろいろ書かれるのは、駒場寮の宿命である。もちろん中には実際に、ひどい生活を送っている者もいるだろう。書かれて仕方がないところは、当然ある。それらを伝えるのは、報道の自由である。しかし、寮生全員がひどい生活を送っているかと言えば、もちろんそうではない。

東大新聞のコラムに関して、普段であれば、寮委員会側もスルーしていたかもしれない。常日頃からマスコミが伝える的外れな記事にうんざりしてはいるが、すべて相手をしていてはキリがない。しかしこのときは、そんな記事でも看過できない状況にあった。寮側は、文部省が通達し、現場の大学当局が推し進める可能性のあった「負担区分」の撤回を求めて、教養学部側と交渉をしているところだったのだ。

１９６４年2月18日、文部省は寮生の負担部分の明確化を要求してきた。受益者負担主義の考え方を教育現場に徹底させていくと、学生の生活の場である学寮はその直撃を受ける。行政側、大学側は、細かい勘定項目を設け、きっちり区分を設けて、たとえば水光熱費などは寮生が支払うべきという、請求をするようになる。これを「負担区分」という。当然ながらこれは、寮生側の負担が大きくなることを意味する。寮自治会側は、一貫して反対をしていた。

教養学部側は、すぐに東大新聞の記事に反応した。学部長がこの記事に大変お怒りである、寮はいったいどうなっているのか、と。麻雀に関する記事を、負担区分を押しつける攻撃の材料に使う教養学部側の姿勢は、大人げない、と言ってもよさそうだ。しかし寮自治会としても、寮生たちの多くは決して楽な暮らしをしているわけではない、という一点については、誤解をといておかねばならなかった。当時の寮委員長は『東京大学新聞』側に抗議文を書いた。寮の記録には、その草稿が残っていた。


もとより、寮生活のすさんだ一部をとらえてそれが寮生活の全部であるかのようにおもしろおかしく報道して、寮生がその真実の生活を一般に訴えようとすることを妨げることは、週刊誌等を通じて反動勢力が行ってきたことである。

（中略、アンケート調査の結果は）寮生は奨学金をむだづかいすることはおろか、アルバイトをせずには生活していけない者が多いという事実を示している。さらにかゝる流行語（奨学金払い）が寮内にとりたてて駒場寮と名ざされねばならぬほど行き渡っている事実は全くない。寮生のほとんどはこうした言葉があるということを東大新聞の記事を読んで始めて知ったのである。

「三四郎」の記事は、われわれがその生活を圧迫するものとして負担区分の撤廃を要求している時にあって単に誇張された事実を報じたというのみならず、現代の各週刊誌等が果しているると同じ反動的な役わりをもつものとして、十分に反省を求めたい。

負担区分闘争

１９６４年、文部省による、負担区分明確化を要求する「2・18通達」に対して、駒場寮をはじめ、全国の自治寮は一斉に反発した。そして、多くの大学当局も、学内では、負担区分の押しつけは不当なものだとする見方を示していた。

この時の負担区分をめぐる闘争は、おおむね学生側の勝利に終わる。ほとんどの大学において、大学と寮の間の合意により、ほぼ文部省の意向は無視する形で、負担区分導入は見送られた。

しかし79年、会計検査院による指摘をきっかけに、この問題は蒸し返されることになる。以前と違って多くの大学当局は、今度は負担区分を強硬に押しつける側に回った。80年代に入って、多くの大学では寮に対して、負担区分や、学生自治を骨抜きにするなどの条件を呑《の》むか、あるいは廃寮か、という選択を迫っている。その結果、多くの自治寮が消えていった。

当時の東大では、総長が学生側に相談をすることもないまま、文部省側に負担区分を徹底することを約束していた。この事実はしばらくの間、秘密にされていたが、82年に判明し、大きな問題となる。ここから駒場寮自治会は、大学側と徹底的に闘うことになる。いわゆる「負担区分闘争」である。

当時の寮生によれば、82年はじめの段階において、寮と学部の間では、口頭で以下の確認がされていた。
ア　負担区分通達は遺憾なものである
第一に、全国一律の基準を機械的に適用するものである
第二に、大学の自治になじまないものである
第三に、受益者負担主義により、寮生の負担が増大する
イ　今後の駒場寮の負担区分を考えるに当たっては、2・18通達にとらわれることなく、駒場寮の特殊性に沿って合理的にこれを定める
ウ　概算要求を伴う要求事項については、負担区分問題解決後、速やかに実現するよう双方が努力する
エ　今後新たな文部省の介入があった場合には、双方協議して対処する
しかし、それからしばらくすると、学部側は一転して、以前の確認を無視し、大きく方向を転換する。学部側は文部省の意向に沿った形で、寮側に負担区分を押しつけようとした。大学側への支払いは、それまでは一人当たり、月200円程度だった。しかし負担区分を呑めば、一気に月3000円程度へと跳ね上がる。大学側の姿勢は強硬で、駒場寮の廃寮までもにおわせていた。

この時、寮内の世論は真っ二つに分かれた。一方は、負担区分を真っ向から否定する原則反対

派である。もう一方は、負担区分をある程度容認する代わりに、実質を勝ち取ろうとする条件闘争派だった。こうした流れの中で、1984年2月、両派を代表する候補による、駒場寮史上屈指の、激しい寮委員長選挙が戦われた。

運命の寮委員長選挙

70年代以降の寮委員長選挙は、「全寮連系」と称される側の候補が圧倒的に信任されることが多く、ほぼ無風と言っていいほどだった。

その流れを変えたのが、泉房穂《いずみふさほ》(82年入寮)である。どの党派にも属さない泉は、カリスマ的な存在感を持つ寮生だった。98期寮委員長選挙では全寮連系の候補を破り、寮委員長に就任した。83年には寮委員会が100期目を迎えたのを記念して、大規模な「百期祭」をおこない、成功に導いている。

泉は負担区分受け入れに真っ向から反対する立場だった。それを訴えるため、教養学部全体でストライキを敢行するためのリーダーとなった。駒場でストライキがおこなわれるのは、68年の東大闘争以来のことだった。

泉は102期寮委員長選挙において、原則反対派の候補を支援した。その対立候補は、条件闘争を主張する朝倉幹晴《あさくらみきはる》(81年入寮)だった。

両派どちらの主張に賛同すべきか。寮内の世論は二分され、過去に例がないほどの、熾烈《しれつ》な選挙戦が繰り広げられた。投票日は2月10日。真冬の寒い日だった。投票結果は、なんと113対113。寮委員長選挙史上初の、同点だった。

規定により、再投票がおこなわれた。

そして再投票の結果は、115対113。ほんのわずかの差で、朝倉の側に軍配が上がった。

このときの寮委員長選挙の結果をもって、負担区分問題は、一定容認の方向で決着に向かった。

泉と朝倉、両者にとって負担区分闘争は、その後の両者の人生における、原点となった。

泉には闘争の後、大きな敗北感が残った。その思いは、三十年以上の時を経た今でも、まだ引きずっているという。泉は運動の責任を取る形で、学部側に退学届を出した。しかしそれは、受理されなかった。結局1年遅れて、大学を卒業した。やがて弁護士となり、後には民主党の国会議員から、地元の兵庫県明石《あかし》市の市長へと転じた。

朝倉は大学卒業後、予備校で生物の講師となった。1994年には、駒場寮の寮食堂で結婚披露宴をあげている。後には千葉県船橋《ふなばし》市の市議選に立候補して、当選。現在も市議として、活動を続けている。

84 合意書とその後

負担区分闘争が終わった後、駒場寮では一定限度、負担区分を受け入れることが決まった。水光熱費を半額支払うことになり、寮費は大きく上がった。その代わりに、電気容量を3倍化するなどの成果は得た。この闘争が寮にとって実質的な勝利だったと言えるのかどうかは、寮生の間でも見解が分かれた。

ともかくも、寮側と学部側は、合意書を作成した。84年5月24日に締結したため、「84合意書」と呼ばれる。後の交渉では繰り返しこの文書が登場する。

中でも、

寮生活に重大なかかわりを持つ問題について大学の公的な意志表明があるとき、第八委員会（後に学生委員会）は、寮生の意見を充分に把握・検討して、事前に大学の諸機関に反映させるよう努力する。


という一項が重要である。

この一文には、負担区分問題で寮側に事前に説明、相談もなく、文部省との間で合意を取りかわし、その後で既成事実であるかのように推し進めようとした学部側に対する、寮側からの不信感が顕著に表れている。学部側は、将来も同じようなやり口を繰り返すのではないか、と。後で振り返ってみれば、その不信感は、正しかった、ということになる。

駒場寮では当面、負担区分をある程度は受け入れることによって、寮自治会が寮生から徴収する経常費は、3000円程度に上がった。

一方で、寮生が直接国に支払う寄宿料は、100円のまま据え置かれていた。ところがそのうち、この寄宿料も値上げを強行される。89年には100円が、400円に上がっている。もちろんそうなったところで、100円と400円、たいして変わらないではないか、という見方をする人も多いだろう。

では2015年現在の三鷹国際学生宿舎の寄宿料はどうだろうか。これは4700円である。100円が47倍になった。まだまだ安い……と言っていいのかどうか。

国立大学の授業料の推移を見てみよう。

今からちょうど40年前の1975年。山手線《やまのて》の初乗り運賃は、60円だった。2015年現在はICカード使用で、133円。2倍と少しほど、上がっている。

一方で、国立大学の1年間の授業料はどうだろうか。1975年には、3万6000円だった。そして2015年現在。学費は2倍どころではなく、約15倍に跳ね上がっている。最初の額が100円前後ならばたいした額ではないが、そうではない。3万6000円が、53万5800円になっている。

さらに2015年5月、財政制度等審議会は、財務省に国立大学の授業料を私立大並の約86万円に引き上げることを検討するように提案した。そのロジックは、国立大の入学者を見てみると、富裕層の子弟が多いのだから、私立大並にしてもよいではないか、というものである。話の順序が転倒している、と言っていいだろう。しかしながら、まさかそんな詭弁《きべん》は通らないだろうと笑っているうちに、数年後には案外簡単に、国立大の授業料は100万円近くにまで上がっているのかもしれない。

三鷹寮

東大には駒場寮の他に、いくつかの学寮がある。かつては、教養学部の学生が入ることができる寮は、駒場寮、三鷹寮、それに女子学生のための白金寮だった。これらはみな、学生自身が管理・運営をする自治寮という点では共通していた。

ここでは駒場寮と三鷹寮を比較してみたい。

三鷹という地名については諸説あるが、徳川将軍や、徳川御三家が鷹狩をした、という説が有力なようだ。駒場も将軍の鷹狩の場所であったわけで、そうした点で共通点はある。駒場も三鷹も、江戸城から見れば、西に広がる武蔵野の郊外だった。そして三鷹は駒場より、さらに遠くに位置している。

戦時中、空襲で校舎を失った東京高校（東高）は、駒場にある一高の明寮と、三鷹の中央航空研究所の建物を借りて、授業をおこなっていた。

終戦後、一高と東高はともに、東京大の教養学部へと移行した。三鷹で東高が使っていたかなり広い敷地は、そのまま東大の寮のために使われるようになった。これが三鷹寮である。

終戦から間もない段階では、駒場寮には約千人、三鷹寮には約二百人ほどが暮らしていた。ほとんどの新入生はまず駒場寮を第一希望とした。そして定員いっぱいのために入れなかった場合には、三鷹寮に入るというケースが多かった。条件としてはやはり、駒場寮がキャンパス内にあるという点で恵まれている。

東大駒場キャンパスの最寄駅である駒場東大前駅は、京王井の頭線の沿線にある。始発駅の渋谷を出て西に進み、各駅停車に乗って、2駅目に着く。急行は止まらない。

三鷹寮の最寄駅は、二つあった。一つは各駅停車が止まる、終点近くの三鷹台駅。もう一つは、急行も止まる、終点の吉祥寺駅である。いずれにしても、寮と駅の間は、かなり遠い。三鷹台駅から三鷹寮までは2・6㎞。吉祥寺からはバスが出ているが、20分ほど揺られることになり、歩けば30分から40分かかる。自転車を利用するにしても、結構な距離だ。要するに、三鷹は東京の郊外の町で、駒場キャンパスに通うためには、1時間前後の時間がかかる。一方で、キャンパス内に位置する駒場寮は、当然ながら通学時間はゼロである。

私は法学部進学後、三鷹の井之頭寮（東大の専門課程以上の学生寮）で暮らしたことがある。吉祥寺や井の頭公園に近く、住むには快適な場所だった。ただし、駒場や本郷に通うには、いずれもかなり時間がかかる。

三鷹寮の歴史をたどってみると、駒場寮とはもちろん違う点も多い。とはいえ、同じ東大の自治寮なのだから、似たようなことは頻繁に起こっていた。食堂の経営が苦しい、盗難が頻発する、ストームが楽しい、ストームが迷惑だ、寮生の自治意識が低い（と嘆く寮生や寮委員がいる）、などなどは、だいたい駒場寮と同じである。

そして廃寮問題へ

駒場寮に関する重要なことがらは、駒場寮自治会側と教養学部側が協議して決める。それが寮自治に関する、基本的なルールである。１９８４年には改めて、その旨が合意文書として残されていた。ただし、寮側は、この協定を学部側が守ると、全面的に信用しているわけではなかった。やがてその懸念は、現実のものとなる。

三鷹寮は、武蔵野の雑木林に囲まれた、広い敷地の中に建てられている。88年、会計検査院は、三鷹寮の敷地を「不効率利用」の国有地として指摘した。このままでは東大は、国にその土地を取り上げられてしまう。ならば三鷹寮を大規模に建て替えればよいのではないか、という話になるところまでは自然だろう。しかし話は、それだけではすまなかった。

学部側が駒場寮廃寮を計画している。学生の間でそういう噂が立ったのは、１９９１年秋のことだった。寮自治会と教養学部自治会は揃って、公開質問状を出し、学部側に真意を正した。

そして10月17日、学部側は「二一世紀の学生宿舎をめざして」と題する文書を発表する。その要旨は、駒場寮、および駒場から遠く離れた三鷹の地に建つ三鷹寮を廃止すること。そして三鷹寮の跡地には「三鷹国際学生宿舎」という「寮」ではない、個室形式で千人規模の新しい「宿舎」を建設すること。

これが学部側からの発表である。事前に寮自治会や、学生自治団体に相談して決めたものではない。学生側にとっては不意打ち同然の決定であるが、学部側は事前に長い時間をかけて、用意をしていたものだった。教養学部のごく一部の人間が文部省と協議を重ね、予算がつく見通しが立ったので、教授会に報告して、学生側に通告をする。そこには学生側から意見を聞いた形跡は一切ない。学生側の立場からすれば、学部側は最初の段階でルール違反をしているわけだ。

そうして駒場寮廃寮をセットにした、三鷹宿舎計画は既成事実として、一人歩きをしていく。不意を衝《つ》かれた学生側の対応は、後手後手に回った。学内の自治寮である駒場寮の廃寮とリンクしないというのであれば、新たに収容人数の多い学生のための住居を建設することは、多くの学生にとっては歓迎するところだった。

駒場の教員である野矢茂樹《のやしげき》（哲学）は、後にシンポジウムでこう語っている。

（学部側は）一応民主的な手順を踏んだアリバイはできていた。しかし、フェアじゃなかった。何故なら、寮生に対して「三鷹宿舎建設を来年度から始めるか、さもなくば撤回して二度とやらないか、どちらかを選べ」といったからです。こんなドラスティックな選択肢を急に突きつけられて、まともな応対ができるわけがない。

（「東京大学への自己言及」『情況』1996年12月号）

これは学生側にとっては、比較的フェアな見方であろう。

後で振り返ってみれば、駒場寮自治会が結束して、自治寮としての駒場寮を残すつもりであれば、最初の段階から、後に見られるような大規模な反対運動をしていなければならなかった、ということになるだろう。寮側の反応は、残念ながらベストだったとは言いがたい。しかし、だからといって、学部側のルール違反は許される、というわけではもちろんない。

廃寮反対方針の確立

1991年、駒場寮廃寮問題が明らかになった後、駒場寮生たちは、どう反応したか。大筋は、廃寮反対であった。しかし、負担区分闘争の時と同じように、その方針をめぐっては、寮内の世論は二分された。学部側が一方的に通達してきた駒場寮廃寮にまったく正当性はないとする原則反対派と、三鷹新宿舎の充実が約束されれば駒場寮の廃寮はやむなしとする条件付容認派である。

90年代はじめの寮委員長選挙はおおむね、日本共産党系の青年組織、「民主青年同盟」（民青《みんせい》）

のメンバーか、あるいは民青が応援する側が当選していた。彼らの姿勢は、駒場寮廃寮容認の方向に近かった。やがて学部側の高圧的な姿勢が次第に明らかになり、寮生の間でも議論が深まるにつれて、原則廃寮反対派の勢いが増してきた。

そうした中でおこなわれた１９９２年６月の１２７期寮委員長選挙は、両派が候補を立てる熾烈な対立選挙となった。結果は１１４対１１２。わずかの差で条件付容認派が勝利を収める。

しかし、寮内の世論は、次第に逆転していく。１９９３年２月、そうした流れの中で登場したのが、原則廃寮反対派の１２９期寮委員長、牧野祥久だった。

第三章　駒場寮存続運動

抗議活動

私が初めて駒場寮の存続運動に参加したのは、寮に正式に入寮する少し前のことである。寮内の放送で、夕方から教養学部の教授会が開かれるので、会議がおこなわれる建物の入口の前で抗議活動をする、と聞いた。別に寮生の誰かから、強烈なオルグ（勧誘）を受けたわけではない。どんなものかと軽いノリで、見物にいってみるつもりだった。

寮生と支援の学生を合わせて、全部で40人ぐらいだっただろうか。正直なところ、この人数では寂しいものだと思った。寮生400人全員が来れば、全然違うだろう。とはいえ、部屋から一人必ず参加、などの強制的な動員などかけないのは、駒場寮らしいとも言える。逆に教員側は、後に寮に押しかける際に、執行部から大規模な動員をかけられていた。

教員一人ひとりを呼び止め、問い詰める寮生の中には、びっくりするぐらい弁が立つ人もいて、驚いた。寮生の呼びかけに対して立ち止まって話をする教員はわずかで、あとはみなうんざりした顔をするか、そしらぬ顔をして通り過ぎるだけだった。駒場寮に関しては、三鷹国際学生宿舎特別委員会（三鷹特別委）に任せているので、自分たちは知らない、という態度が明白だった。そういう、あからさまに無関心な教員たちの良心に訴えようとする抗議行動が有効なのかどうかは、よくわからなかった。

寮に入ってからしばらくして、三鷹特別委との交渉があった。この特別委は実質的には駒場寮廃寮を進めるための委員会である。学生課のある建物の一室で、教員や職員側と、寮委員会や寮生側が対峙《たいじ》して座る。自分も参加して、話を聞いていた。このときはまだ、寮問題の詳しい事情がよくわかっていなかった。教員側が、君たちは三鷹宿舎の建設と駒場寮の存続、どちらを選ぶのか、と迫っている最中だったと思う。何かの拍子にふと、自分も発言した。

「三鷹も駒場も、どちらもですよ」

と。三鷹宿舎も建ち、駒場寮も存続する。個人的には現在の駒場寮の建物が好きだが、古くて敬遠する学生がもし多数派というのであれば、キャンパス内の同じ敷地で建て替えて、千人でも二千人でも住める寮を作ればいいのではないか、と。

そのとき、パイプをくわえていた教員が、にやりと笑って言った。

「ほうら、本音が出たな」

場の雰囲気で、自分が何かまずいことを言ったのがわかった。牧野寮委員長がすぐに、

「いや、それは彼個人の考えなんで」

と否定した。

要するに学部側は、三鷹宿舎建設か、駒場寮存続かという二択しかない土俵を設定していた。そして実際問題として、後者を選ぶ余地はない、ということを、ひたすら繰り返しているに過ぎなかった。

牧野寮委員長になってからの、寮側の一貫した公式の主張は、三鷹宿舎の建設と駒場寮廃寮をリンクさせるな、というものだった。

寮（あるいは宿舎）に住める定員を大幅に増やせばいいのに、なぜそれができないのか。新入生の私は不思議に思っていた。しかしそれは、文部省の方針だから、できないという。行政側から提示された所与の条件であって、覆すことはできない、という。

そこが私にはどうしても理解できなかった。その原則こそがおかしいと判断して、文部省に抗議はしないのか。しかしそのときの教員側は、それを特に不当だとも、後ろめたいとも感じている雰囲気はなかった。要するに学生側の意見を聞いて取り入れようという雰囲気は、最初からなかった。

居直った人間たちが見せる、逆ギレ気味の威圧感、というのは、別に東京に来なくても、東大に入らなくても、どこでも見ることができるだろう。東大の学内では、大学側と学生側が、多少なりとも建設的で真摯《しんし》な話し合いをしているのではないか。私にはそんな漠然としたイメージもあったのだが、それはむしろ逆だった。勝手にそんな期待をしている方がわるい、ということだろう。いま振り返ってみても、私は驚くほどに甘い。若いから、というわけではなく、それは現在に至るまで、変わっていないようである。

さくらんぼの実る頃

駒場寮存続を広く世の中に訴える上で、大きな話題を呼んだのが1993年の秋の寮祭だった。寮祭に歌手の加藤登紀子《かとうときこ》さんを呼ぼう、という企画をしたのは、寮OBで、元寮委員長の常盤《ときわ》稔《みのる》さん（90年入寮）だった。常盤さんは、教養学部助手だった最首悟《さいしゅさとる》さん（59年入寮）を通じて打診し、登紀子さんから快諾を得ていた。

最首さんは、山本義隆《やまもとよしたか》（60年入寮）らとともに、60年代末の東大全共闘の中心人物の一人だった。寮では「くるみ会」という、結核予後のために学生が暮らす部屋に住んでいた。

登紀子さんは62年に東大に入学。在学時には演劇に打ち込んでいた。その当時、寮にはよく入り浸っていたという。83年には、寮祭にゲストとして登場していた。

今度の寮祭では、登紀子さんにはどうしてもらおうか。以前と同じく、北寮前のステージで歌ってもらってもいいのだけれど、それでは立見の観客で、すぐにいっぱいになってしまうだろう。せっかくなので、駒場寮存続を訴える、という趣旨のもとに、もっと大がかりなコンサートにしてはどうか。そこで、寮祭の企画の一環ではあるが、寮祭実行委員会とは別に立ち上げられたのが、「加藤登紀子コンサート実行委員会」、略して「ときコン実」である。

私は個人的に加藤登紀子の歌が好きで、よく聴いていた。

1992年に公開されたジブリアニメ『紅の豚』では、登紀子さんはヒロイン役のジーナの声を担当していた。ジーナが歌うシャンソン「さくらんぼの実る頃」(Le Temps des Cerises)が、美しかった。エンディングに流れる「時には昔の話を」は、登紀子さんが過ごした60年代の駒場の追憶のようでもある。加藤登紀子の有名な曲をあげていけばキリがないが、当時はザ・ブームの「島唄《しまうた》」をカバーして、ヒットしていた。

夏の寮祭が終わった後、私は秋の寮祭の実行委員長になっていた。なぜ自分が実行委員長になったのか、その経緯は忘れていた。当時の記録を読み返してみると、1学年上の川崎正太郎《かわさきしょうたろう》(92年入寮)という男から、うまく乗せられていたということを思い出した。川崎は寮食堂で大がかりなディスコをやりたくて、いかにも反対しそうな自分を、あらかじめ取り込んでおくつもりだったらしい。

私は寮祭の実行委員長を、他の1年生に変わってもらうことにした。そして「ときコン」の方に専念した。形式的には、ときコン実の委員長は現役寮生の私だったが、実質的には寮OBの学生、院生、卒業生に、多くを頼った。中でも並外れた事務能力を持つ、OBの常盤さんと重松光浩《しげまつみつひろ》さん(91年入寮)にはお世話になった。4年生の常盤さんは、この時、本郷で卒論を書かなければならない時期だったが、ずっと駒場寮の実行委員会事務室にいてくれた。また、駒場寮関係者だけではなく、登紀子さんのファンだという、学内の女子学生なども手伝ってくれた。

登紀子さんのコンサートを開催するにあたって、大きな問題は二つあった。一つは会場をどこにするか、ということ。そしてもう一つは、開催に関わる経費をどう捻出《ねんしゅつ》するか、ということ。

会場については、もちろん寮食堂が有力な候補だった。寮生自身の判断で自由に使える広いスペースであり、雨が降っても大丈夫だ。しかし、数千人という観客を想定するのであれば、手狭である。

他に考えられたのは、野球場やラグビー場など、キャンパス内の運動場を借りる、という案である。しかしこれは、無理だろうと思っていた。学部側と何もない時だったらともかく、廃寮をめぐって、これ以上はないというほどに対立している。また、寮祭実行委員会は伝統的に、駒場祭委員会（Komaba Festival Comittee、略してＫＦＣ）や教養学部学生自治会とは、必ずしも仲がよいとは言えない。駒場祭が学生に対する管理を進め、制約が多いのに対して、寮祭はそのアンチテーゼとして、自分たちで責任を持つ代わりに、自由にいろいろなことをしようという姿勢を崩していなかった。

というわけで、屋外での大規模なコンサートは無理だろう、と最初は思っていた。しかし、自分が頭を下げて回る分にはタダなので、いろいろな関係者に会って、折衝を続けた。そうして無理だと思っていたことが、意外にも実現可能に思われてきた。最終的には教員側の窓口である学生委員会が許可を出して、ラグビー場を使えることになった。

そうして会場の問題はうまくいった。しかしまだ、経費の問題が残っている。コンサートのため、ラグビー場に大がかりなステージを組み、バンドを呼んで、となれば、軽く数百万円はかかる。当然ながら、そんな資金はない。ＯＢのつてを頼り、ステージの組み立てを安く見積もってくれる業者を紹介してもらった。バンドは残念ながら、無理そうだ。登紀子さんにはカラオケで歌うことを了承してもらった。あとは当日、来ていただいた観客の皆さんに、カンパしてもらう、ということでまかなうことにした。

事務室となった北寮12Ｂではエンドレスで、登紀子さんのＣＤがかかっていた。中でも私は、「さくらんぼの実る頃」が好きだった。このシャンソンは、遠い昔、若き日の恋を歌っている。しかしその真意は、１８７１年のパリ・コミューンの短い成功と、その後の悲惨な弾圧の隠喩《いんゆ》でもある。

「こういう歌ばかり聴いていて、『お前らは敗北主義者だ』とか言われたりしないですかね」

と、重松さんに尋ねてみた。重松さんは「アクマ」と呼ばれるほど、頭脳明晰で切れる人だった。

「そんなこと気づいて指摘してくるおしゃれなサヨクは、今時おらんで」

と重松さんは言った。

ストライキ

寮祭を控えた10月末に、寮委員長選挙（１３１期）が行われた。そこには私と同学年で、１年生の樋口克宏《ひぐちかつひろ》（93年入寮）が立候補した。対立候補は立たず、信任投票で樋口は信任され、新しく寮委員長に就いた。樋口は細身でメガネをかけて理知的な顔立ちをした、今で言う理系男子だった。コート代わりに実験用の白衣を着て、フレームが壊れたメガネを無造作にガムテープで補修して使っているところなどを見ると、やはりコマトラ（駒場トラディショナル。東大生にありがちな服装を指す言葉）そのままの、コマ寮生っぽかった。
樋口は選挙公約で、最初から留年することを公言していた。樋口だけではなく、他の寮委員も、そして私も、93年の秋は、目が回るような日々の中にいた。
寮自治会ではずっと、寮の内外に署名を呼びかけていた。

三鷹国際学生宿舎建設と抱合せの「駒場寮廃寮」を撤回すること

このシンプルな一点に賛同する署名者の数は、3500人近くに達した。その上で、11月2日、131期寮委員会は教養学部に要求書を提出する。

我々は教養学部による「三鷹国際学生宿舎計画」に伴う駒場寮「廃寮」決定、ならびに、その既成事実化を糾弾するとともに、駒場寮の存続を求める請願署名に約3500筆が集まり、駒場寮存続アピールに約60団体が賛同するなど、駒場寮内のみならず、東大内外で廃寮反対の世論が盛り上がっている状況を踏まえ、総代会決議に基づき、教養学部に対して、以下のことを要求する。

一、駒場寮廃寮を撤回すること。
なお、現在の建物のまま駒場寮を存続することが不可能ならば、現行の制度を引き継ぐ形で駒場キャンパス内に建て替えること。


はいわかりました、と学部が廃寮を撤回するわけでもないので、寮側は次の手段に踏み込む。ストライキの提案である。ストライキ案は、駒場寮委員会、寮生を中心として提案され、11月11日の教養学部の代議員大会にはかられた。11月18日は学費値上げ反対、19日は駒場寮存続という趣旨でのストライキ提案だった。その結果、ストライキ案は、賛成多数で可決された。

ストライキの実行というのはハードルが高く設定されている。代議員大会で可決された後には、教養学部生全員による、批准投票を経なければならない。そして批准投票においても、有効投票数の76%がストライキの実行に賛成だった。過半数を大幅に上回ってかなりの数字だと思う。しかし学部側は、そう解釈しようとはしなかった。なんだ、たったそれだけなのか、と。

念のために書いておけば、この後も数年にわたり、駒場寮の存続に関する全学投票は何度も行われる。そして寮側を支援する提案が過半数の票を得なかったことは、ただの一度もなかった。

11月19日当日のスケジュール、役割分担表を見返してみると、まず自分は朝7時30分に「全員を起こす」という仕事が振られていた。45分にボスルーム（寮委員長室）に集合し、全員で教室を回ってビラをまきにいく。その後、1号館の前で集会を開いて、寮委員長の樋口がアジ演説をしつつ、マッキー他が教員に対話を呼びかける。

私もストライキに協力してくれるように訴えるため、多くの語学のクラスを回った。もちろん、全部の講義がなくなった、というわけではない。教養学部側は後に、ほとんどの講義が普段通りにおこなわれていた、というアピールをした。しかし私が見た限りでは、講義が開かれていないところが多かったように思う。

私自身の所属するフランス語のクラスも、事前に討議をおこなった。その結果、みんな気持ちよく協力してくれることになった。教員の宮下志朗《みやしたしろう》さん（フランス文学者）は一応来ていたが、私が宮下さんに向かって何か言おうとする前に、「わかってるよ」と言って、苦笑いして、すぐに教室を出ていった。他のクラスをのぞいてみると、誰もいない教室で教員が一人、苦々しげな顔をして、クラスの学生の名前を読み上げ、出席をチェックしていたのを見た。何のためにそんなセレモニーをしているのだろう、と思った。

後でいろいろな寮生の話を聞いたが、一番話が通じなかったのは、駒場で一番広い900番教室で専門課程の講義を受けている、文Iの2年生、法学部進学予定者たちだということで、一致した。

寮が置かれている現状を訴え、ストライキの協力を呼びかけようとすると、

「私たちには授業を受ける権利があるんだ！」

という趣旨の主張ばかりが返ってきて、最後には「帰れ」コールが起こって、辟易《へきえき》したという。

もちろん、学生である以上、講義を受ける権利が重要なのは当然である。しかし、学内において、他の学生たちの権利があからさまに侵されようとしているときに、それを無視できるものだろうか。彼らは将来、弱い立場の人間の権利を守るために法を学んでいる、という意識はないのだろうか。どうして彼らは見て見ぬ振りができるのだろうか。そんな話になった。そのとき、誰かがこんなことを言ったと記憶している。

「いや、それは違うと思うよ。見て見ぬ振りをしてるんじゃない。寮なんて最初から視界に入ってないんじゃないの？」

別に寮の問題に限ったわけではない。遠いどこかの国で起こっていることではなく、すぐ身近で起こっていることにどうして彼らは目が向かないのだろうか、と。

ダンスホール

ストライキが終わって、すぐに寮祭が始まった。ラグビー場でおこなわれる加藤登紀子コンサートとは別に、北寮前にはいつも通り、ベニヤ板24枚で組み上げられ、鉄筋で支えられた大きな

看板が掲げられ、ステージが設置された。

寮食堂では、これもかなり大がかりなディスコのための空間が作られた。ディスコについては、かなり批判的な寮生が多く、正直なところ、私もイメージが湧かなかった。廃寮攻撃をかけられている中で、寮のイメージアップをはかるため、あらゆる行動をなすべきである。しかし、ディスコはどうなんだろう。その設営のために、数十万円単位で自治会費を使ってもいいのだろうか。それに、そもそも客は来るのだろうか。

ディスコの企画を立てた2年生の川崎には、強い信念があったのだろう。川崎が強引に突き進み、それに巻き込まれるようにして多くの寮生が関わるようになった。私は当時、川崎とずいぶんケンカをしていたようだ。当時の記録を読み返してみると、後で川崎から、そのことをずいぶんとぼやかれていたことを思い出す。それでも川崎を見ていると、なんだか成功するような気もしていた。

ディスコが開催されたのは11月22日の夜だった。私は翌日の加藤登紀子コンサートで頭がいっぱいで、ディスコの方はどうなっているのか、心配ではあったが、あまり気が回らなかった。

夜になって、寮食堂に行って驚いた。入口から人があふれそうなほどの大入りだった。川崎は、

「どうよ、松本！」

と言いながら、何度も私の肩を叩《たた》いた。

「いや、びっくりした。本当に」

この頃には「ドヤ顔」という表現はなかったが、川崎は会心の笑みを浮かべていた。

「え、松本も入りたいの？　しょうがないなあ」

そう言いながら、川崎は中に案内してくれた。

即席のダンスホールでは、多くの女性が、慣れた様子で踊っていた。大音量で流されている曲はどれも、私にはよくわからなかった。その喧騒《けんそう》の中で、私は「ダンスホール」という、尾崎豊の古い歌を思い出した。

ディスコ終了後、私と川崎は握手をした。次は、私たちの番である。

時には昔の話を

ディスコがおこなわれていた夜、NHKの19時からのニュースでは、全国放送で、駒場寮の廃寮問題と、翌日におこなわれる加藤登紀子コンサートのことが伝えられた。

コンサートは屋外での開催なので、雨が降ってもらっては困る。実行委員会室には、実行委員の女子学生が作った、駒場寮には不似合な、てるてる坊主がつり下げられていた。

祈るような気持ちで起きてみると、11月23日の朝は、快晴だった。当日は私もステージに上がるので、少しはちゃんとした格好をしよう……などと殊勝なことは、あまり考えていなかった。

しかしそれではあんまりだとみんなに言われ、黒川が茶色のジャケットを貸してくれた。

コンサートは、午後からだった。登紀子さんの歌が始まるまでに、ステージ上で多くの人に語ってもらった。どういう場合においても「スピーチは短めに」というのは鉄則だが、学生たちのスピーチはいずれも長かったように思う。自分も何かしゃべったのだけれど、これがまったく覚えていない。ステージの上に立つと、数千人の観客が見えた。覚えているのは、

「こんなにたくさんの人の前でしゃべることなど、この先もうないのかもしれないな」

と思ったことと、私の次に壇上に立った寮委員長の樋口が、いつものようにサンダル履きだったことだけだ。

わざわざ遠く京都からかけつけてもらった井上義和さん（現・帝京《ていきょう》大准教授）は、京大・吉田寮の人である。駒場寮存続運動の過程において、井上さんや吉田寮の皆さんには一貫して、本当にお世話になった。

駒場寮OBで文芸評論家の柄谷行人《からたにこうじん》さん（60年入寮）にも、発言してもらった。同月上旬の早稲田祭で講演していた柄谷さんに「駒場寮のことについて話してもらえませんか」とお願いしてみたところ、意外なことに、ごく簡単に、OKをいただいたのだった。柄谷さんには、パンフレットにも一文を寄せてもらった。

「人が二十歳の頃に考え詰めたことは生涯変わらない」

という、三島由紀夫《みしまゆきお》の言葉を、柄谷さんは引いていた。

また、東大OBの天本英世《あまもとひでよ》さんは、政府・文部省を批判する大演説をぶった後、「前座」と謙《けん》

遜《そん》しながら、スペインの詩人、ロルカの詩を詠唱していた。

コンサート会場を許可してもらう際にお世話になった、学生委員会の委員長、宮下志朗さんも会場に来ていた。

「ちょっと前座が長くないか？」

と宮下さんは言った。登紀子さんの歌がなかなか始まらず、学生集会っぽい時間が続いていることを言っていた。

「いやいや、みんないい話をしてるじゃないですか」

と私が言い返す頃に、登紀子さんがステージ上に登場した。会場全体から、地鳴りのような拍手が起こった。

時には昔の話をしようか　通いなれた　なじみのあの店
マロニエの並木が窓辺に見えてた　コーヒーを一杯で一日
見えない明日を　むやみにさがして　誰もが希望をたくした
ゆれていた時代の熱い風に吹かれて　体中で瞬間を感じた　そうだね
道端で眠ったこともあったね　どこにも行けない　みんなで
お金はなくても　なんとか生きてた　貧しさが明日を運んだ

ちいさな下宿屋にいく人もおしかけ　朝まで騒いで眠った
嵐のように毎日が燃えていた　息がきれるまで　走った　そうだね

一枚残った写真をごらんよ　ひげづらの男は君だね
どこにいるのか今ではわからない
友達もいく人かいるけど
あの日のすべてが空しいものだと　それは誰にも言えない
今でも同じように見果てぬ夢を描いて　走りつづけているよね　どこかで
（加藤登紀子「時には昔の話を」）

登紀子さんの歌声が、澄んだ秋空の下で響きわたった。コンサートは大盛況の内に終わった。

晩餐会

ステージ上でコンサートが盛り上がりを見せている頃、外では一悶着《ひともんちゃく》が起こっていた。駒場祭委員会（ＫＦＣ）側がコンサートのパンフレットの配布をストップさせようとしていたためだ。パンフレットには予備校の広告が掲載されていたが、これは駒場祭の規約に違反するという。パンフレットを配布していたマッキーたちは反論をした。

「これは寮祭である。加藤登紀子コンサートは寮祭の一環である。寮祭は駒場祭の管理下には置かれない。そして寮祭のパンフレットをどこで配布しようと、自由である」

前述の通り、寮側と、当時のKFCとの関係は、良好だとは言えなかった。

KFC側にも言い分があるにせよ、コンサート実行委員会側からすれば、パンフレットを配布する人間をつかまえ、力ずくで中止させようというのは許せない。このとき、KFC側にいた人物の一人に、元自治会委員長で民青の、宮本徹《みやもととおる》がいた。私たちはこれ以前もこれ以後も、駒場寮存続のための方針をめぐって、宮本たちとよく対立した。

マッキーと宮本はコンサートの間中ずっと、言い合いをしていたそうだ。だからマッキーは、ステージ上で何がおこなわれていたか、まったく見ることができなくて、当時を回想しようにも、宮本と不毛な言い争いをしていたことしか覚えていないという。宮本は後年、日本共産党所属の衆議院議員になった。

コンサートの後は、寮食堂で登紀子さんを囲んで、晩餐会《ばんさん》がおこなわれた。その設営には、前日のディスコが終わった後、しばらく泥のように眠っていた、ディスコのスタッフたちにも手伝ってもらった。

晩餐会には多くのマスコミ関係者が取材に訪れていた。私は実行委員長ということで、テレビカメラの前に立たされて、インタビューを受けることになっていた。

　そのとき、教養学部長の蓮實《はすみ》重彦《しげひこ》が何人かの教員を連れて、晩餐会にやってきた。確かに招待状は出したが、本当に来るとは思っていなかった。その点、蓮實は大したものだな、と思った。蓮實は私たちに、1本の酒を差し入れた。「ロシアの美人からもらったものだ」と言われた記憶がある。

「存続運動がこれだけ盛り上がっているのを見て、どうですか？」

　と私は言った。

「今の学生は、学生を組織できないことがよくわかったよ」

　蓮實は面白くもなさそうに言った。

　晩餐会に訪れていた寮のOBがすぐに蓮實に詰め寄ってきて、会場が騒然とする。ああ、やっぱりそうなるよなあ。頭が朦朧《もうろう》としていたためか、映画のワンシーンでも見ているように、そう思った。一時休戦、という甘い姿勢を見せず、どういう場所であっても、すぐに学部長を問い詰めようとするOB氏を見て、やっぱりそれが正しいよなあ、と思った。テレビ局のレポーターがはらはらしながら、

「止めなくていいんですか」

　と言った。

「いや、よくあることなので」

　私はそんな、間抜けな答えをした記憶がある。その映像がテレビで使われていたのかどうかは、

知らない。

冬の駒場寮

コンサートの様子はマスコミにも多く取り上げられた。多くの人が集まってたいしたものだ、という論調と、寮だ自治だと時代錯誤では、という論調、半々ぐらいだったろうか。

晩餐会が終わった後で、私はKFCの担当者に呼び出されていた。「素晴らしいコンサートでした」とほめてくれるわけではないだろう。そこでまたいろいろと言い合いをするであろうということを、コンサートの運営を手伝ってもらった寮生たちに告げた。すると、

「松本一人で行かせるわけにはいかない」

ということになった。大丈夫だろうか、と苦笑しながらKFCを訪れる際には、数十人の規模になっていた。担当者だけではなく、他のKFC委員や民青の人間が集まってきて、あっという間に修羅場となった。しばらくの間、揉《も》め続けたが、ともかくも、その場はKFC側が謝罪する、という話でまとまった。

まあきっと、後で撤回してくるだろうと思ったら、予想通りだった。後に駒場祭委員会や民青の側から、あれは寮の人間たちに恫喝されて、無理矢理謝罪させられたものだ、という一大キャンペーンが始まった。やれやれ、と私は思った。

季節は冬になった。東大の女子学生は、1年生のとき、銀杏《いちょう》並木が散り終わるまでに彼氏ができないと卒業するまでそのまま、という「伝説」があるが、男の場合はどうなんだろう。寮の部屋に備えつけのスチームヒーターだけでは寒いので、私たちの部屋では、こたつを出した。前述の通り、私たちの部屋には、3人の住人のそれぞれのクラスメイトが、よく遊びに来ていた。その中の、ある文Ⅲの女の子は、

「私、こたつ見たの、生まれて初めて」

と言っていた。彼女たちと私たちとでは、育った環境がずいぶんと違うのだろう、と思った。

「どうして東大を目指したのか」

という話題になった時、複数の女の子が、

「自宅から近いから」

と答えていた。

冬至の日には、寮風呂はゆず湯となった。クリスマスの頃には、彼女がいない寮生が集まって、「クリスマス粉砕コンパ」なるものがおこなわれた。日本におけるクリスマスの商業主義をいまさら批判的に議論するわけでもなく、かといってケーキやシャンパンが出るわけでもなく、取り立てて代わり映えのしない、いつも通りの飲み会だった。

寮委員の何人かは「越冬隊」として、帰省もせずに、寮に残る。私は最初から田舎に帰るつも

りはなくて、寮委員の業務と寮勤（電話番）をこなした。年末年始は神社の警備のバイトで過ごす予定だったが、なぜかはよく覚えていないが、寮で酒を飲み過ぎてバイトに行けなくなり、バイト先に迷惑をかけた。

年を越して1994年になった。『週刊プレイボーイ』が取材に来ていて、私は部屋で一人、自分で作った雑煮を食べているところを写真に撮られ、グラビア記事に掲載された。

2月には、132期寮委員長選挙がおこなわれた。1年生の樋口の次の寮委員長ということで、順番的には同じ1年生の私が立候補することになった。

私の他に民青系の候補が立って、久々の対立選挙になった。民青系にしてみれば、コンサートのパンフレット問題が、まだ許せないらしい。それはお互い様だろう。

私の陣営の選対部長はマッキーだった。マッキーの顔で、記録的に多くの総代が推薦人に名を連ねてくれた。同室の黒川にはポスターの似顔絵を、光内には推薦文を書いてもらった。結果はトリプルスコアぐらいで、私の方が勝利した。

第四章　一寮委員の記憶

1994年、春

私が寮委員長になったのは、年度替わりをはさむ期である。一番重要な仕事はもちろん、新入生の募集と、入寮選考だった。廃寮攻撃がかけられているさなかなので、いつにも増して新入生獲得が重要なのは言うまでもない。どれだけの新入寮生を集められるかは、今後の展望に直結する。

東大の前期・後期の入試、および合格発表時にはもちろん、多くの寮生の手で、パンフレットを配布した。また、「試験おつかれさまコンパ」なども企画して、そのまま受験生に参加してもらったりもした。

その甲斐《かい》あってか、1994年は例年以上に、多くの新入寮生が集まった。それは素直に、嬉《うれ》しかった。とはいえ、入寮者が多かったのは、やはり世相を反映したものとも思った。『朝日新聞』（1994年4月30日朝刊）には「なぜか新入生どっと　存廃で揺れる東大駒場寮」という記事が掲載された。「なぜか」という問いの答えの一つは、バブル崩壊による経済状況の悪化、それに伴い家計が厳しくなっている、というものだっただろう。ごく一般的な家庭からであっても、子どもを大学へ進学させることが、次第に難しくなっているように思われた。

私たちが住む中寮7Bも、新入寮生を受け入れることになった。そして、斜め向かいの8Sとの2部屋で、同じサークルを組むことにした。7Bがオープンスペースで、8Sがそれぞれ布団と机を置くスペースである。

「サイモン&ガーファンクルの『四月になれば彼女は』（April Come She Will）の歌詞が大好きです」

と、新入寮生の小林順《こばやしじゅん》は言った。小林は理Iで、大阪星光《せいこう》学院出身。かわいい顔をしていて、高1の時に学祭で女装をして大受けしたという。また高2の時にはビートルズのコピーバンドを組んで演奏し、何人かの女の子たちから手紙をもらったという。大学に入ってからは、BR（ブリティッシュ・ロック）研に所属していた。

それから先、私たちの部屋にはしばしば、小林の知り合いの複数人の女の子が遊びに来ていた。当時はまだ「リア充」という言葉はなかったが、望めばリアルな生活が充実した日々を送れそうなスペックを持っていた。後にNHKで放映された駒場寮のドキュメンタリー番組では、7Bでギターを弾きながら熱唱する小林の姿が映された。7Bに新しく置かれたステレオは、彼が提供したものだった。

小林は建築学科志望で、都内のいろいろな建築を見て回るのが趣味だと言っていた。駒場寮に入らなければ、大学生活も要領よくこなしていくタイプだったと思う。しかし駒場寮に入ったことがきっかけとなって、大学にはずいぶんと長居をしていた。

理IIの横山大輔《よこやまだいすけ》は、鳥取西高出身。高校時にはラグビー部で、花園《はなぞの》を目指していたという。沢《さわ》田研二《だけんじ》は鳥取出身なのに、大阪出身のようにふるまっているのが許せない、と横山は言っていた。私たちは当時、『ビッグコミックスピリッツ』に連載されていた吉田戦車《よしだせんしゃ》作の漫画『ぷりぷり県』は、彼の田舎の鳥取をモデルにしているのだろうと推測していた。

横山とは、ファミコンの野球ソフト「プロ野球 ファミリースタジアム」で何セットか、100番勝負をした。選択チームは、私はレイルウェイズ、彼はタイタンズの一択だった。3番ばあす、4番かけふ、5番おかだのクリーンナップに、バックスクリーン3連発を何度食らったかわからないが、通算成績は、私の方が少しだけ勝ち越している。

文Ⅲの小泉将司《こいずみまさし》は、鹿児島のラ・サール高出身。織田裕二《おだゆうじ》のような二枚目だった。入学早々に『東京大学新聞』の記者となり、すぐに多くの記事を書き始めていた。後には編集長になった。自転車に乗るのが好きで、トライアスロンに挑戦したいと言っていた。そのうち仕事で、自転車便のライダーとして働いていた。

新入寮生が入ってくると、彼らの知り合いの、寮内の新入寮生たち、また寮外のクラスやサークルの知人たちも遊びに来るようになった。部屋にはよく、知らない誰かが酒を飲みに来ていて、知らない誰かが寝ていた。

私は1年生たちには積極的に声をかけて、寮の運営に携わるように勧めた。寮を残したいと思うかどうかは自由だが、もし残したいと思うのであれば、存続運動に参加するよう呼びかけた。

新入寮生歓迎コンパでは、戦前のように、新入寮生を前に寮委員長が数時間の演説をするようなことはない。まだ酒も知らない1年生たちに、無理に飲ませるなどということもない。

その代わりに私は、自分で勝手に飲んで、勝手につぶれた。年長の寮生からは、「寮委員長が酒に酔ってつぶれるなんてなあ」とあきれられた。

二十年ぶりに寮のアルバムを見てみると、寮食堂の床に転がって動かなくなっている私の写真が、まだ残っていた。また、当時の入寮パンフレットには、冒頭、私のあいさつが掲載されている。こういうのを若気の至りというのだろうし、えらそうさ加減にあきれるばかりだが、恥ずかしさついでに転載しておく。


率直に言えば僕は今の駒場寮の状態がベストだとは毛ほども思っていない。ただし誤解しないでほしい。建物や施設や条件が悪いのではない。住んでいる人間たちの意識を僕は言っているのだ。ビラや入寮案内を見て駒場寮に「幻想」や「憧《あこが》れ」を抱いてやってきた諸君は多くの駒場寮生の姿に愕然とすることだろう。

諸君がこれから暮らしていく部屋の先住者達の多くは「誰かがやらなくちゃいけないのはわかっている。しかし少なくともそれは『俺』ではないのだ」という「自治」という駒場寮の理想とはおよそかけ離れた考えを持っている。僕は「こんな奴らが住む駒場寮なんていらない」と何度考えたかわからない。

ただしこのことは忘れないでほしい。駒場寮には「可能性」だけはあるのだ。要はそこに住んでいる人間の意識の問題なのだ。皆が意識していれば駒場寮が「イイ」方向に進んでいく可能性だけは奇跡的に残されているのである。幸か不幸か僕はこのすさまじい可能性を秘めた駒場寮を現実に「イイ」ものにしていき、また残していかなければならないと考えるようになった。

（中略）

「何かをしてほしい」という人ではなく「何かをしたい」という人との出会いを僕は期待している。

（新入寮生オリエンテーションパンフレット『愛してコマ寮』１９９４年）

連続停電事件

新入寮生の受け入れも一段落した4月16日、土曜日のことだった。気がつくと、寮内の電気がつかない。一時的な停電かと思ったら、どうもそうではないようだ。寮委員会にも、どうなっているんだ、という苦情が寄せられてくる。学部側に問い合わせてみて、初めて休日を利用した33時間連続の停電計画があったことを知らされた。

電気のありがたさというのは、使えなくなってみると、よくわかる。冷蔵庫の中のものはダメになるし、ワープロも使えない。昼でさえ薄暗い寮内なのだから、夜になればもう、一寸先もよく見えない暗闇である。

寮生たちは自然と北寮前に集まって、焚《た》き火が始まった。他にすることがないためか、普段は寮の自治活動に関わらない寮生も多く、寮ってこんなに人がいたんだ、と思った。

「松本よ、お前、寮委員長なんだから、なんかしゃべれよ」

と年長の寮生から言われた。おれ、しゃべるのあんまり得意じゃないんだけれど、しょうがないな。やがて、トランジスタ・メガフォン（トラメガ）が持ち出され、多くの寮生が日頃思っていることなどを自由に語り始めて、駒場寮存続を訴える集会のようになった。

学部側とは事務局だけとの話では済まなくなった。連絡ミスというが、寮側としては、すぐに収めるわけにはいかなかった。休日なので、キャンパス内で停電をして保守工事をしたい、という事情はわかる。しかし寮は、途切れることのない生活の場である。33時間続けて電気が使えなくては、生活に重要な支障を来たす。「84合意書」を持ち出すまでもなく、計画前に寮側に連絡して、事前に協議をするのが筋であろう。

やがて教員側の担当者も姿を現し、最終的には非を認めて、謝罪文を記している。

この停電の一件に関しては、寮側の主張が通った。学部側の代表が寮側に謝罪したことについて、蓮實教養学部長は激怒していたと、後で伝え聞いた。

ビラと落書

駒場寮自治会は学生に向けて、週に何回かビラを発行していた。作成者はワープロか、当時寮内で流行《はや》っていたマッキントッシュのパワーブックで原稿を書き、編集・レイアウトをして、北寮2階の印刷室で印刷する。これを夜明けまでに終わらせて、早朝、講義が始まる前に、各教室の机の上に置いていく。

私はどちらかと言えば、あまりビラを書く方ではなかった。同じこと、つまり、自分の中ではわかりきったことを、改めて繰り返し主張するのが性に合わなかった、ということもある。また、ビラや立看板がどれだけ効果のあるメッセージ伝達の手段であるのか、よくわかっていなかった。かといって、ネットがまだ普及していない時代、他に適当な手段も思いつかない。ビラは自分で書くよりもむしろ、誰かが書いたビラを印刷して、配布する方を担当することが多かった。

学部側は駒場寮の跡地計画として「CCCL計画」（Center for Creative Campus Life 駒場）を発表し、94年7月、それを説明するためのカラーパンフレットを学生に配った。駒場寮の補修には予算はつかないと言いながら、つぶすためには、ずいぶんとコストをかけられるのだな、と思った。ある教員は、寮生たちがそのパンフレットを配布する際に、奪いに来るのではないかと警戒していたという。個人的には、そういう発想はなかった。どれだけ不当な主張であっても、その主張自体を阻止するというのはフェアではないし、表現の自由に反するだろう。

ビラやパンフレットを配る側はもちろん、読んでもらおうと思ってあれこれと工夫する。テンプレ通りの定番のもの、高い見識に基づく格調高いもの、個人のスキャンダルを追及する下世話なもの、などなど、その内容は様々だ。

それにしても90年代当時、駒場寮に関する問題に限らず、ビラを熱心に読んでいた学生は、どれぐらいいたのだろうか。最近、当時の寮外生（94年入学）に、寮の印象を率直に尋ねる機会があった。ビラも読んでいたし、寮のことは残した方がいいと思っていたけれど、あまり力になれない無力感を覚えていた、とのことだった。

60年代末の全共闘の主張やスローガンで、最も後世の記憶に残されたのは、ビラに繰り返し記された言葉ではなく、安田講堂の中に書かれた落書だろう。

連帯を求めて孤立を恐れず
力及ばずして倒れることを辞さないが
力を尽さずして挫《くじ》けることを拒否する

「連帯を求めて孤立を恐れず」という、あまりに有名なフレーズは、谷川雁《たにがわがん》「工作者の死体に萌《も》えるもの」（1958年6月）に元ネタがある。全共闘が語られる際、この言葉は何度も引かれてきた。私も当時、昔の人はずいぶんとカッコいいことを言うものだ、と思っていた。しかし、本当にこの姿勢で社会的な運動は進められるべきであろうか。評論家の佐高信《さたかまこと》（97年に寮にも来てもらったことがある）は、こう言っている。

いわゆる全共闘運動の中で使われた「連帯を求めて孤立を恐れず」というスローガンがある。しかし、私はこれにずっと違和感を持ってきた。そこにある種のヒロイズムの臭気を感ずるからである。自己陶酔的それは、必要な連帯を形成しない。（中略）「連帯を求めて孤立を恐れず」は、容易に「孤立を恐れず」だけの独りよがりになってしまう。だから、カッコはよくなくても「孤立は恐れないが連帯を求める」でなければならないのである。
（『週刊金曜日』2001年8月24日号）

そうでしょうね、と思う。そしてこの全共闘の遺産とも言うべき言葉は、ビラやアジ演説で繰り返し語られた言葉ではなく、安田講堂の中にひっそりと記された落書だからこそ、印象に残るのではないかとも思う。
後年、同室の小林順と、駒場寮内の落書で、どれが印象に残っているか、という話をしたことがある。二人の意見は一致した。それは、中寮8Sの部屋の壁に、先人の誰かが薄く鉛筆で書き残した、古代エジプト王の墓に書かれているような、不吉で普遍的な言葉だった。
君は必ず失敗する
誰に宛てたのかは知らないが、その名もなき寮の先人の言葉は、それを目にした後輩にとっては、いつかはどこかで必ず的中する予言となるだろう、と思った。

留学生たち

留学生たちのため、というのが学部側が主張する、三鷹国際学生宿舎のアピールポイントの一つであった。では駒場寮に留学生はいなかったかといえば、もちろんそんなことはない。90年代当時、中国や韓国などからの留学生が、寮内に二、三十人はいたと思う。留学生と日本人学生が一緒に暮らしていると、文化的な習慣の違いから、トラブルが起こることはもちろんあった。それでも、両者が理解し合い、仲良くなる機会は多かったのではないかと思う。

私自身、寮では何人もの留学生と知り合いになった。中国の留学生が作ってくれる餃子《ギョーザ》は美味《おい》しくて、よくごちそうになった。

留学生たちはだいたい、私より少し歳上で、はるかにシビアな考え方の持ち主だった。韓国から来た留学生は、しきりに日本の学生運動は手ぬるい、というようなことを言っていた。かの地ではよく、抗議のための自殺者まで出るという。そういう手段が有効なのかどうかは私にはよくわからないが、確かに真剣さという点においては、比較にはならないのだろう。

現在神戸大学の教授を務めている王柯《おうか》は、中寮23Bに住んでいた。王柯は、以下のような文章を残している。


確かに暗くて汚い。しかし部屋に入った瞬間、壁に書かれた「造反有理」「毛沢東思想万歳」のスローガンが目を引き、本能的に親近感を覚え、一目ぼれしてしまった。二十四畳の部屋に二人で住み、共同の炊事場、洗濯機、広々した浴場。中国で八畳の部屋に七人という大学寮を含め、寮生活を十年以上送った私にとって、駒場寮の生活は快適そのものだった。

住み始めると、さらなるよさを感じた。先生も教室も図書館も近く、へたな日本語を直してくれる友人はいつもそばにいた。夜や休日になると人がめっきり減り、静かに勉強して疲れて寮を出れば、お正月の雪景色、寂しそうな夜桜、美しい景色は全部私のものだった。隣人の徹夜のマージャンがうるさいが、それも故郷の風景と妙に一致し、日本についての社会勉強の一つだと思った。

私の部屋は中寮二三号。春には窓辺に桜が満開、ここで多くの友人と出会い、若くない青春を終えた。

（「わが心の駒場寮」『読売新聞』2001年2月9日夕刊）

「駒場寮は騒がしい東京の浄土である」とも、王柯は記している。

OBたち

去る者を送り、来る者を迎え、94年の春は毎日のように酒を飲んでいた。当時のノートを読み返してみると、北寮前でOB主催の花見があり、自分は寮委員長ということであいさつに立ったら、古いOBのじいさんから、「てめえはひよわだ」と殴られた、とある。そういうことが日常茶飯事のカオスな日々だったので、まったく覚えていなかった。

この時の花見には、私や黒川と同年齢の中川淳一郎《なかがわじゅんいちろう》（現ネットニュース編集者）もいたという。中川は当時、一橋《ひとつばし》大生で、駒場寮にもよく遊びに来ていた。中川は、私と同室の小泉や、ラモスのような風貌《ふうぼう》をしていた黒川と意気投合して、したたかに酒を飲んでいたそうだ。最近（2015年）、黒川、中川、私で酒を飲む機会があった。中川は当時の様子をよく覚えていて、黒川はすっかり忘れていた。

中川の記憶によると、花見の途中で雨が降り始め、明寮の一室に場所を移したところ、とある大学教授のOBが酒に酔って暴れ始め、しょうがないので、中川と京大生、慶應レスリング部の学生の三人で押さえつけたという。

またこの頃、終戦直後に寮生だった高橋健而老《けんじろう》が、『回想の東大駒場寮』（ネスコ、1994年）という本を出版した。終戦直後、レッドパージに反対してストライキをおこなった、駒場寮生を中心とする当時の学生たちを描いたもので、私にとっては知らないことが多く、ずいぶんと勉強になった。しかし、90年代当時の自治の内実では、廃寮は仕方がないとする論調には、反論せざるをえなかった。寮委員長だった私は、『東京大学新聞』に、「駒場寮は『夢』ではない」と題して、大先輩に対して失礼かとは思ったが、かなり批判的な書評を寄せた。


（映画「ニュー・シネマ・パラダイス」で、古い映画館の）パラダイス座がまさに爆破されるその時、老経営者は「映画はもはや夢だ」と絶句し、泣き崩れる。『回想の東大駒場寮』を読んだ時、私はこの老経営者と著者の姿が重なって映った。

しかし、この本から伝わってくる当時の駒場寮生の意識には何ら私は違和感を覚えない。自治寮を運営する誇り、権力に対する一種本能的な嫌悪感、共同生活の楽しさ、そして様々な問題に対する態度の表明を日々迫られるやるせなさは私にも十分理解できるものである。その本質において駒場寮は五十年経った現在も変わっていないからではないか。「レッドパージ闘争」以降、駒場寮の役割は失われることはなかった。現在、駒場寮生は「廃寮」という権力からの攻撃に暗中模索しながら立ち向かっている。現在の駒場寮の状況を伝える『プロローグ』には残念ながら幾つかの事実誤認や誤解の箇所が見受けられた。「自治寮が消えゆくことに関して議論がなされた形跡が見えない」と著者は言う。駒場寮存続の方針をめぐって著者が駒場寮で過ごした時代と現在とを比べてみて寮生や一般学生の態度がおとなしく映るのかもしれない。しかし当時と現在とでは時代背景も違えば、学生のおかれた環境、権力の構図も違う。そのままを比較するのはあまり意味がない。

駒場寮は未《いま》だ「夢」ではない。少なくとも現在駒場寮に住んでいる私達や駒場寮は「夢」や「郷愁」などではありえないのである。駒場寮は現在も「駒場寮に住みたい」と思っている四百人の生活の場であり、経済的困窮者の厚生施設であり、自主的活動が行なわれる自治空間である。駒場寮存続運動の方針をめぐって激しい寮委員長選挙が行われ、ストライキが提議され、三千人を集める加藤登紀子コンサートを開いた場所である。そして「二年後に廃寮が決まった東大駒場寮」と帯に書かれた本が生協の書籍部に平積みにされれば「ふざけるな」と言って怒る寮生たちが住んでいる場所でもあるのだ。

著者の時代に黎明《れいめい》期の輝きを放った駒場寮があるように、現在には廃寮をはねかえそうとする、現在なりの輝きを見せる駒場寮がある。繰り返し言う。駒場寮は未だ「夢」ではないのだ。


（松本博文『東京大学新聞』１９９４年５月３日号）

つたない文章ではあるが、当時の自分の気持ちが表れているとは思うので、引き写してみた。

そして、寮にはいろいろなOBがやってきた。特に私が寮にいた頃は、寮がなくなってしまう前にもう一度見てみたい、というノスタルジーに駆られてやってくるOBが多かった。その時に住んでいた寮生でも、尊敬できる人、そうでない人、いろんな人間がいたように、OBもまたそれぞれだった。

ある日の夕方、私がボイラーマンで風呂《ふろ》場の掃除をしていると、四十代ぐらいだったか、寮のOBがやってきた。これから外国に赴任するので、寮がなくなる前にもう一度見に来たのだという。神妙な顔をして感慨にふけっているのはいいけれど、自分が掃除をしている風呂場に土足で上がり込んできたのに頭に来てしまい、あとは話をする気が失《う》せた。

またある日の昼、知らないおじさんが私たちの部屋に上がり込んで、持ち込んだラジカセでバッハを聞いている。どなたさまですか、と尋ねると、60年代前半に卒業したOBだという。

「君が寮委員長の松本君か。さっき廊下で君の評判を聞いてみたよ。一人は『彼はダメだ』ということを言ってたな。もう一人は『彼は左がかっているけど良心的でいいやつだ』と言ってたよ。賛否両論分かれるところだな」

なんだか一方的にまくしたてられて、呆然《ぼうぜん》とした。この寮は昔から変人たちの巣窟《そうくつ》だったのだな、と思った。

またある日、私が寮務室で寮勤（電話当番）をしていると、一人の男性が、ＯＢですと名乗りながらやってきた。差し出された名刺を見て、驚いた。「新党さきがけ代表代行　田中秀征《たなかしゆうせい》」とある。日本新党の細川護熙《ほそかわもりひろ》を首班とする連立内閣成立の立役者として、１９９４年当時、田中さんは、政権の中枢にいた。与党議員なんて、駒場寮廃寮のような出来事には目が向かないもの、と思っていただけに、田中さんの訪問は意外な感じがした。

田中さんは１９６０年、第32期の寮委員長だった。駒場寮の寮委員会のサイクルは1年3期である。私は１３２期の寮委員長であり、田中さんの時から数え、ちょうど１００期が経っていた。

１９６０年といえば、日米安全保障条約の改定をめぐって、史上空前とも言える国民的な反対運動が起こった年だった。駒場寮も、安保闘争とは無縁ではない。それどころか、安保闘争の中心にあったと言ってもよい。


駒場寮といえば、僕にとっては安保です。十九歳で大学二年でした。当時の駒場寮は「赤い航空母艦」と呼ばれて、寮生のほとんどが全学連の主流派と反主流派にすっぱり色分けされていた。

（「ＯＢ・田中秀征氏が語る　ああ、我が青春の東大・駒場寮」『週刊朝日』１９９６年4月26日号）


鈍い私はこの頃には、安保闘争とは、過ぎ去って再び繰り返されることのない、遠い昔の話だとしか感じられなかった。だから、うかつとしか言いようがないのだが、せっかく安保当時の寮委員長に会えたのだから、あの時、往時のことを詳しく聞いておけばよかったと、今にして思う。

田中と同じく、安保の頃に駒場寮生だった立花隆（59年入寮）は、在寮中に監査委員を務めていた。立花はインタビューでこう語っている。


当時（全学連主流派を占めていた）ブントの力でぱっと人を動員できる力があったのは駒場だったんです。1月15日には全国的に学校が休みで、咄嗟《とっさ》に一般学生は動員できなかったんだけど、そういう時にでも駒場寮からは動員できた。寮生大会をやって、羽田《はねだ》に行こうという決議を採って、観光バスをチャーターして駒場寮の前からみんなで行った。羽田空港のロビー占拠というのは、普通の人が想像するのとは全く違って、駒場の寮生にとっては日常性の延長みたいなものだった。寮生大会で決議してみんなで来たのだから、空手部、応援部などみんないました。

（立花隆＋東京大学教養学部立花隆ゼミ『二十歳のころ』新潮社、1998年）

行動の中のセンチメンタル

1960年の安保闘争の頃、駒場寮委員長は田中秀征で、教養学部自治会委員長は西部邁《にしべすすむ》だった。西部の、東大の寮に関する記述を引用する。

　1958年4月、東大教養学部（駒場）に入って、三鷹寮に住み、5、6回は授業に出てみたが、面白くなかったので、あるいは面白いと思うだけの知的能力がなかったので、井の頭公園で、毎日、新聞を読んだり昼寝をしたりしていた。そんな怠惰にはすぐ厭《あ》き、たぶん6月の時分、意を決して自治会室を訪れてみた。「あのお、学生運動をやりたいんですが」という私の口上に、小林清人自治会委員長は少々薄気味悪そうな面持であったが、数分後には、ムスケル・アルバイトを、つまり筋肉労働を私に命じた。ガリ版のビラを刷る仕事である。そのうち誰もいなくなって、ひとりで慣れぬ仕事にシャツの肘《ひじ》を真黒にしながら、躍起であった。学生運動というのも寂しいもんだなあ、これが初日の印象である。

（中略）

　ほとんど白紙のままで左翼に染まることを決意したせいで、私は無能な活動家ではあったが、今でも恥ずかしいと思うくらいに献身的であった。たとえば、深夜までムスケル・アルバイトに精出し、井の頭線の終電がなくなったので、大学構内にある駒場寮に住んでいるある活動家に一夜の宿を頼んでみた。彼はけんもほろろの応対で、仕方なく、寮の前の木陰のベンチで眠っていると、猛烈な痒《かゆ》さで眼が覚め、あわてて洗面所にかけ込んで鏡をみれば、お岩の顔面である。北海道《ほっかいどう》にはそういう獰猛《どうもう》な藪蚊《やぶか》はいないので、一瞬、なにかの毒にでもあたったのかと驚いたことを思い出す。

（西部邁『六〇年安保　センチメンタル・ジャーニー』文藝春秋、1986年）

帰ろうとしても三鷹寮は遠く、駒場寮で一夜を過ごそうと思ったら、頼みにしようとしていた知人に断られてしまった。何でもないような話ではあるけれど、私にとっては、むやみに切なく感じられる。

私は高校生の頃から、なんとはなしに、西部の文章が好きだった。西部は60年安保の後には転向し、保守論壇の代表的な人物の一人となった。駒場寮でも、西部なんてただの右翼反動、と切り捨てる寮生が多かった。しかし、そういうこととは関係なく、西部の文章は読んでいて面白かった。最近、柄谷行人のインタビューを読んで、その理由がようやくわかった気がした。


私（柄谷）は学生運動をやっていましたが、アジ演説は苦手でまったくやったことがない。60年安保闘争の頃、最高のアジテーターは西部邁でした。彼の演説には、難しい言葉や左翼の紋切り型の言葉が一つもない。切々と訴えるセンチメンタルな演説です。彼は、「自分はすべてのイズムを拒否するが、唯一許せるイズムがある、それはセンチメンタリズムだ」といっていましたが（笑）。私は彼の演説が好きでしたが、自分ではそういうことはできなかったし、やる気もなかった。

（柄谷行人「『トランスクリティーク』としての反原発」『小説トリッパー』２０１２年春号）

社会的な運動で本当に勝つつもりがあるのならば、センチメンタリズムは禁忌である、と私は思っていた。もちろん、誰かのセンチメンタリズムに訴えることが有効な場合もあるだろう。しかし運動を主体的に進める側は、現状を冷静に分析し、目的を明確化し、合理的な手段を考えるだけで十分である。その経過においては、静かな情熱はあってもいいだろう。しかし、非合理的で安い熱狂も、センチメンタルな感情も、不要なものであろう、と。

あるとき私は、寮の存続運動を支援しているある大学教授に、こんなことを言った。現在の情勢と、われわれの力量を考えれば、われわれはいずれ負けるであろう。しかし、それでもベストは尽くしたい、と。そのときの教授氏の、侮蔑《ぶべつ》に満ちた表情が、今でも忘れられない。教授氏は押し黙って何も言わなかったが、そんな甘いことを言っているうちは、絶対に勝てないであろう、と言いたげなのは、よくわかっていた。廃寮に反対するのには、合理的な理由がいろいろある。それでも自分を突き動かしている幾分かは、やはりセンチメンタルなものなのだろう、と思った。

ある寮委員は仕事を割り振られた際に、こんなことを言った。

「今の僕には、あまり意欲が湧かない。コマ寮は好きだけれど、やはり〝仮の宿〟に過ぎないからだと思う。自分の時間を大切にしたいし、自分の生活も大切にしたい。理論を組み立てて議論を闘わせるなんていうことにあまり興味が持てない」

それはよくわかる。

「僕を説得してみてもらえませんか。もし僕を説得できれば、かなりな戦力になると思いますよ」

彼は三国志に登場する武将の誰かに自分をなぞらえていたが、それが誰だったかは忘れた。誰かに強いて運動にかかわってもらおうという意欲は、最初から私にはなかった。

寮の運営や、寮存続運動に参加してくれる新入寮生たちもいたが、当然ながら、最初から無関心な寮生もいた。

「自分たちが在寮中（94年4月から96年3月）は問題なく住めると聞いたので、だったらそれでもういいです」

と言う寮生もいれば、

「あなただって、本当に寮が残ると思って運動しているわけじゃないでしょう？　諸悪の根源は、あなたみたいな人なんですよ」

と言う寮生もいた。

もちろん、多くの寮生が駒場寮的なものを真摯《しんし》に愛していたし、私はそういう寮生たちが好きだった。そういう寮生がいる以上は、自分も存続運動に携わろう、と思っていた。しかしながら正直なところ、次第に無力感を覚えていたのも事実だった。

寮の屋上

小林順は、高校生の頃に村上春樹《むらかみはるき》の『ノルウェイの森』（講談社、1987年）を読んだ影響で駒場寮に入ったのかもしれない、と言っていた。『ノルウェイの森』の舞台となっている学生寮は、目白《めじろ》の和敬塾《わけいじゅく》がモデルになっている。

和敬塾は、1955年に企業経営者の前川喜作《まえかわきさく》が設立した大学生向けの寮である。早稲田大学の近く、神田川《かんだがわ》をわたって、急な坂を上ったところにある。和敬塾が設立される際に、設立者側は東大の教養学部や駒場寮に相談に来たことが、駒場寮の記録に残されている。駒場寮生には本郷進学後、模範として入ってほしい、という要請もあったが、その後本当に、和敬塾の模範的な寮生になった人物がいるのかどうかまでは、わからない。

『ノルウェイの森』には永沢という名の東大法学部生が出てくる。個人的にこの小説でひとつ疑問なのは、「自分に同情するのは下劣な人間のやることだ」と語るマッチョな永沢が、フィッツジェラルドの『グレート・ギャツビー』をいい小説だとほめていることである。『グレート・ギャツビー』のようなセンチメンタルな物語は、永沢の最も嫌うものではないかと思った。

『ノルウェイの森』では、寮の屋上で蛍を放つ印象的なシーンがある。和敬塾の近くのホテルである椿山荘《ちんざん》の庭園では、初夏になると、蛍を見ることができる。

駒場キャンパスでは蛍の光は見られなかったが、駒場寮の屋上からは、新宿の高層ビル街にともる灯を見渡すことができた。都内の隠れた、夜景が美しく見えるスポットだったと思う。屋上からはもちろん、駒場キャンパスを一望できる。駒場寮の周囲の豊かな緑の向こうに、1号館などの校舎が見えた。

寮の屋上はしばしば、駒場キャンパスの歴史にも登場する。1969年1月、民青は明寮の屋上にピッチングマシンを持ち込んで、全共闘系の学生に向かって石を投げていた。また民青側は北寮の屋上で教養学部の代議員大会を開いて、スト解除の決議をあげていた。

寮祭では屋上でビヤガーデンが開かれた年もあった。また、後年、寮外の人々を中心にして、オープンカフェが開かれたこともあった。

私はよく、好きだった女の子と、中寮の屋上で会っていた。

「この前さ、仕事を手伝ってくれる寮生を集めようと思って放送したんだけど、あんまり人が来ないから、部屋回りもしたわけ。そしたらさ、マッキーは麻雀《マージャン》打ってるのね。『あー、まずいとこ見つかったなあ』って顔してるわけ。あきれて次の部屋に行ったんだけど、後でさ、マッキー、なんて言ってきたと思う？　『博文が悲しそうな顔をしてるの見て、おれも昔、誰も手伝ってくれなかった時のことを思い出した。そのときは、おれはそうはならないようにしようと思ったんだけどなあ。ごめんねー』だって。いい加減だよねえ。まあでも、そんないい加減さがないと、続かないのかもね」

私が寮の話ばかりをしているのを聞いて、彼女はいつも、しょうがないな、という顔をして笑っていた。彼女は私と同じ、文Iの学生だった。彼女の成績表を見せてもらったことがあるが、きれいにAしかなくて、望めば将来何にでもなれそうな点数だった。
晴れた午後には青い空を、彼女の講義出席が終わった後の夕方には、頼りなくまたたき始める高層ビルの灯を、他愛のない話をしながら、一緒に眺めていた。

寮の一週間

この頃、中寮7Bで連絡ノートをつけていた。当時の寮での生活や、寮生の考えていることの一端がうかがえるかと思うので、一部抜粋してみたい。飲んで寝ていても、私たちの部屋には、いろいろなゲストがやってきていた。

4月27日
松本「誰か明日の中寮1Fフロアコンパのポスターを作ってください。必要な情報は、PM8時から、at 中寮7B、フロアコンパだけど誰が参加してもOK、会費300円、カンパ歓迎」
（誰かが矢印を引いて）「→NHKの女性ディレクター（白金寮OG）も来る！」

4月28日
佐藤智恵《さとうちえ》「初めまして、NHKの佐藤智恵です。駒場に来るのは卒業以来、2年ぶりです。社会人になってまだそんなにたってないのにみなさんのことを『若い!』と思ってしまうのが悲しいです。駒場寮の存続運動、何らかの形でお手伝いできたらと思っています。久しぶりに来て東大やコマ寮が昔のままだと安心します。皆さんがんばってください」
横山「今日は飲んでやけに気分がHighである。駒寮のことについて話があった。NHKの人もきている。おれは兄の言葉を思い出した。『大学に入ったらやりたいことをやれ。勉強でもスポーツでもなんでもいい。とにかく今自分がやりたいことをやれ』と。俺は思った。勉強も好きだが、今は駒寮も大好きだ。駒場寮廃寮反対に尽力しよう。これからも駒寮が残るように。I love you 駒寮。やっぱり酔っているようだ」
小泉「→いいねえ」

4月29日
松本「NHKディレクターの佐藤智恵さんは美人でした。文Ⅲ→国関(教養学科国際関係論)だそうです」(編注・当時の寮の模様を撮影したドキュメンタリー番組がNHKで放映された。佐藤さんは後に作家になった)

北25S酒井《さかい》郁郎《いくろう》「ソクラテスは自分の哲学を守るために死んだそうである。自分も彼らのように生きられるだろうか？　死ねるだろうか？（中略）話変わって、最近よく下クラの後輩が私の部屋に、空き時間に遊びに来るので、雑談するのもあきたので、週ごとにテーマを決めて討論することにした。（中略）佐藤さん、今度北寮3Fコンパにも来ておくんなせえ……」（編注・2015年現在、酒井は埼玉《さいたま》県戸田《とだ》市で市議会議員を務めている）
通りすがりの浪人生「今日、本物の東大生3人一挙に見て、すごく感動した。イエス・キリストみたいな人もいた（編注・ひげをはやした黒川のこと）。カトリック校出身の私は、また感動した。（中略）俺はここにちかう!!　絶対に東大文Ⅰに入ってやるぞ!!　そして部活にももえて、こまりょう生になるぞ！」
黒川「大学に入れば夢と現実の乖離《かいり》を体験することになるでしょう。飽くまで夢を見続けるのも一つの手ですが、現実を見据えてみるのも一興」

4月30日
小林「僕も昔は才能ひとつで世間を渡ってゆけると思っていた。しかし、中高の6年間で努力も必要と感じるようになった。だけれど、結局、何をやるにしても必要なのはパワー（power）だと思う。好奇心や根気、執着心、見栄《みえ》、コンプレックス、ジェラシー……とキッカケは何でもいいから、それをパワーに代えられる人間が結局は強い（色々な意味で）のだと思う。（中略）幸いにして駒Ｒ（↑初めて使ったよ、この字は）（編注・80年代から見られるようになった寮の略語）にはパワー溢《あふ》れる人達が多く、自分にとって、良い刺激が山盛りだ。（中略）『好きな事を好きな時に好きなだけやる』……これで良いんではないかな」

5月1日
黒川「僕は天国が見たいのです。否、天国とはいえないのかもしれません。私の心が洗われ、魂が開かれ、目が開かれるあの瞬間、『私は世界そのものである』ということが、信じるまでもなく当然のこととしてうけとられるあの瞬間、これらを便宜的に『天国』と呼んでおくことにします。例えば今の僕なら、アルバート・アイラーの低音、モリコーネの旋律、ボルヘスの一節といったものに、『天国』の一片を垣間《かいま》見ることができます」
小泉「横山泥酔状態。『飲むしかねえんだよ』『飲まなきゃやってらんねえんだよ』etc. 何があったのだろう。心配だ」
横山「よいがだいぶさめてきた。（中略）みんなに迷惑をかけてしまったのかもしれない。ごめん」

5月2日
小泉「松本さんのねごと『あっ、そうだ小泉……』はい、なんでしょう？」

横山「正午。黒川さんがまたずっとねています。起こそうかと思ったけど気持ちよさそうだったのでやめときます。起こしてほしい状況であったのなら、今のうちにあやまっときます。今日は曇り空。大好きな屋上でのあたたかな昼寝ができないのが残念です」
通りすがりの理Ⅱ生「ところで僕の夢は和久井映見《わくいえみ》と結婚することです」
松本「誰が午後は休講だなどというデマを飛ばしたのだろう。俺か。今日未明の4時から松本、黒川（他3人）で6時ぐらいまで飲んだ」

5月3日
黒川「今日買った本を読んでいる。それ程面白くないのかもしれない。すごく面白いのかもしれない。つまるところよくわからない。そういう本のようだ」
松本「17時間寝ました。（中略）今日は憲法記念日だそうです。文Ⅰ生らしく（芦部《あしべ》信喜《のぶよし》の）『憲法』という本を読みます」
黒川「→にはかないませんが、11時間寝ました」
写真家Ⅰ「3時前に来寮しました。写真を撮ることが目的ですが、その前に寮生の人達と一人でも多く友達？　になれればと考えています。（中略）明日は泊めてもらいたいと思います」
横山「あさって寮食堂でなんと結婚式があるらしい。おどろいた。ってことで、明日はそうじを手伝います」

松本「駒場寮の機関誌『ぷあ』の原稿を募集しています。何でもいいから書いてね。5日に102期寮委員長・朝倉幹晴氏の結婚式が寮食堂南ホールで開かれます。朝倉氏は寮内を二分した83年から84年にかけての『負担区分闘争』時の寮委員長です。史上に名高い同点再投票の末当選し、『負担区分一定容認』を決定づけた人です。歴史的評価は今でもわかれますが当日は負担区分絶対反対だった人も参加するそうです」
松本「僕が結婚する頃、駒寮は残っているのかなあ」
書き込み者不明「→ナンセンス」

それぞれの事情

94年6月、自分の寮委員長の任期が終わった。

私の次の寮委員長は、樋口や私と同学年の、月足公治《つきあしこうじ》（93年入寮）という男だった。月足はこの頃は献身的に、寮の運営や、寮の存続運動に携わっていた。私もよく助けてもらった。またその後、寮生ではないが、やはり学生自治活動に携わっていた1学年下の米村滋人《よねむらしげと》とコンビを組んで、寮の外でも活動の幅を広げていた。私や月足は、教養学部学生自治会の常任委員に当選して、民青系執行部の野党として、民青側からはずいぶんと煙たがられた。

その後の自治会委員長選挙では、民青系の対立候補として、月足が委員長、米村が副委員長候補で立候補した。当然ながら、私も応援していた。米村は理Ⅲ（医学部進学系）だったが、後には司法試験にも合格する優秀な学生だった。

なんだか含みのある言い方になってしまったが、それからしばらくすると、月足と米村は逆に、廃寮容認側に回る。彼らが言っていたのは要するに、それまでに学部側に積み重ねられてきた既成事実を前提にして、裁判になっても勝ち目はない、条件闘争に転じよう、というものだった。その理屈はわかるのだけれど、何がきっかけとなって転向したのかまでは聞いたことがない。

私は、自分が寮委員長でいる期間中には、ほぼずっと、寮委員長室や事務室、寮務室のある北寮2階で暮らしていた。それが終わって、中寮1階の7Bに帰ってくると、急に気が抜けたような気がした。その後も寮委員を続けたが、しばらくは東思研から聞こえてくる勤行の声でも聴きながら、中寮で寝て暮らそうと思った。

「そういえばゴーバンズが解散するらしいな」

と黒川が言った。

「まじか」

と私は驚いた。ゴーバンズというのは80年代後半から活躍していたガールズバンドで、私は中高時代によく聴いていた。ボーカルの森若香織《もりわかかおり》は未明にオンエアされる「オールナイトニッポン」2部を担当していて、それを朦朧《もうろう》としながら聴いた後、結局寝過ごして、高校によく遅刻した。東京に行けばそのうち、森若香織にも会えるのではないかと思っていた。

ゴーバンズは89年に「あいにきて I・NEED・YOU!」というヒット曲を出していた。2009年、Sweet Vacation（スウィート・バケイション）というう音楽ユニットがリリースした「あいにいこう 〜I・NEED・TO・GO〜」はそのオマージュだろう。
Sweet Vacationの早川大地《はやかわだいち》は、90年代中頃、駒場寮によく来ていたらしい。早川は次のように語っている。

当時の駒場寮の文化って今思えばすごい変わっていて、すごい良い空気だったんですよね。クリエイター的な。みんな将来何かを作りたいと思っているんだけど、所詮《しょせん》学生で力もなくて、そういう人達が集まって退廃してた（笑）
（音楽ナタリー「早川大地徹底解説1万字インタビュー」
http://natalie.mu/music/pp/hayakawa/page/2）

寮生でなくとも、駒場寮に出入りし、後に文化人として活躍する学生はたくさんいた。ダン・ブラウン『ダ・ヴィンチ・コード』を翻訳した越前敏弥《えちぜんとしや》（81年入学）は在学中、映画研究会の部屋に2日に一度は泊まっていたという。『武士の家計簿』（新潮新書、2003年）で一躍有名となった歴史学者の磯田《いそだ》道史《みちふみ》は慶應大の院生の頃、マッキーや私を訪ね、よく寮に遊びにきていた。

ドロップ

一高時代の昔から、寮委員というのは消耗して学業どころではない、というのが定説だった。寮委員になると、成績、進級も犠牲にして寮運営に打ち込んだものだ。
（山田洋次《やまだようじ》『読売新聞』1992年5月7日夕刊）

仕事と学問の相剋《そうこく》‼
あゝ汝《なんじ》の名は寮委員なり
（第17期［1954年］中央記録冒頭）

諸先輩方が言葉に残している通り、私も形式上はその伝統を引き継いだ格好だが、そうは言ってもさしあたっては、進学を意識しなければならない。
私の在学中、文Iというのは「進学振り分け」（進振り）に関係なく、単位さえ揃えば法学部に進学できた。試験にはだいたい、直前の数時間、シケプリを読むだけで臨んだ。自分の成績を改めて眺めてみると、A（優）はほとんどない。一般教養はだいたいB（良）で、単位数は足りそうだった。しかし、必修の語学はC（可）とD（不可）ばかりで、これが致命傷になりそうだ。Dは駒場では「ドラ」と呼ばれた。小林はノートに目が「D」の字をしたネコ型ロボットを描いて、

「助けてD《ドラ》えもん！」

とつぶやいていた。

私はフラ語の1年時の単位を落としているので、1年生のクラスにまじって、受け直さなければならない。これを「他クラス聴講」という。

そのクラスのフラ語の担当教師は、後に芥川賞を受賞する、松浦寿輝《まつうらひさき》だった。私は松浦のことはよく知らなかったが、詩人でもあるそうで、黒川から、その詩を教えてもらったことがある。


にんげんとりわけ女と禿頭の男を避ける季節がつづいた

という一節から始まるものだった。それだけ読んだ限りでは、きっと変わり者の教員なのだろう、ぐらいにしか思われなかった。教授会抗議行動で新入寮生の誰かが、松浦に向かって、

「駒場寮のことについてどう考えていますか」

と尋ねたところ、松浦はきっぱりと、

「興味がありません」

と言い切ったという。その言い方があまりに堂々としていて清々《すがすが》しかったと、その新入寮生は感心していた。

松浦のフラ語の授業では、小テストがあった。同じクラスには新入寮生のKがいた。あるときの小テストで、私が50点ぐらいで、Kが20点ぐらいだった。おれより点数のわるい1年生がいるのかと、Kをしばらくからかうことができた。駒場では一般的に、テスト勉強という点においては、入試から時間が経つにつれて頭がはたらかなくなるし、執着もなくなる。

そういえば、松浦は小テストを点数順に返していた。

「これが詩人のすることですか」

と、憤りを隠せないKを見て、また笑えた。現代の大学ではもちろん、よほどのことがないかぎり、互いの成績なんてわからない。旧制一高では、入学時には、教室内の席は入試の成績順に並べられ（後ろの方が優秀）、定期試験の成績は、一番から最下位まで掲示していたという。そして、成績上位の者がコンパ代を多く持つという風習があった。

駒場の教養学部では、３学期（2年生前半）が終わった時点で、規定の成績をクリアしていない場合、2年生から1年生に逆戻りする、という制度がある。これを「降年《こうねん》」という。私は結構追い上げたつもりだったが、元の設定がそもそも絶望的だったため、総合的にフラ語の点数が数点足りずに、降年となった。

私が自分の降年を知ったのは、掲示板で確認する前に、黒川が部屋の連絡ノートに神妙な調子で、「悲喜こもごも」と書いていたからだった。気を遣わせてしまったとしたら、申し訳ない。文Ⅱの黒川は優秀な成績を取って、入学前からの志望通り、進振りで教養学部教養学科に内定していた。

自分が降年するのは、想定内だったとはいえ、親には申し訳ない気がした。しかし、大学受験のときがそうであったように、いつかはどこかでそのうち、辻褄《つじつま》を合わせるのではないかとも思っていた。時間的に余裕ができたのなら司法試験でも受けるか、と思い、周囲にそう宣言し、法律の勉強を始めてみた。しかし、これが自分でも驚くほどに、身が入らない。恋愛のように何かしらの幻想に突き動かされない限りは、自分は何もしないし、東京に来て目の前でいろいろな現実を見ている以上、そういうことはもうないのであろう、ということを理解した。

野球対決

駒場寮はアパート化しつつある、寮生同士のつながりを深めなければならない、という意見は、寮史を通じ繰り返し現れてきた。その対策として企画される定番は、コンパとスポーツ大会である。スポーツ大会の中でも定番の競技が、野球だった。これはやはり、長かった昭和という時代を反映している。平成の現在ならば、サッカーであろう。私たちの頃だと、楽をしようと考えなければ、体育実技で人気があるのは、やはりサッカーだった。

１９５４年の中央記録には、寮内総勢44チームが参加しての、野球のトーナメント表が載っている。寮の部屋割がサークル主体だったのを反映して、基本的にサークル単位のチームとなっている。「水泳カッパーズ」「国文コジキーズ」「社研ゲルピンズ」「歴研フラレタリアーズ」などは、個人的にはかなりのネーミングセンスを感じる。蛇足ながら説明をすると、「ゲルピン」とは金がないこと。「フラレタリアーズ」は「プロレタリアート」（ドイツ語で労働者階級）と「フラれた」をかけたものだ。

それらのチームの中で、とりわけ弱そうなのが「寮委員会グロッキーズ」。寮の内外は問題山積で、寮委員たちにとっては、野球どころではなかったのだろう。

１９９４年秋、１３４期寮委員長は私たちより1学年下の小浦学《こうらまなぶ》（94年入寮）が就任した。小浦は小林順らと同じく、大阪星光学院の出身で、科類は文Ⅰ。高校の時から有名な秀才だった。

その頃、たしか学部側から、学部（教職員）、駒場寮、三鷹宿舎の3チームでソフトボールをやろう、という話が持ち上がった。私自身は学部との不毛なやり取りに飽き飽きしていたところで、たまにはそういうのもいいのではないかと思った。他に乗り気な寮生も多かった。スポーツ大会は、絶えて久しく開催されていなかった。しかし寮生同士でソフトボールをしても盛り上がらないであろう。

当然ながら「いま対立している学部と、そんな慣れ合いをやってる場合じゃないだろう」という批判が来るであろうことも、予想できた。

「そういうのは、経営者側が組合を懐柔するときによく使う手段なんだよ。懇親会におでんと酒が出て『君らもなかなかやるじゃないか』と言ったりしてね」

真面目なOBからは、そんな忠告を受けた。もちろん、その理屈もよくわかる。寮委員会でも当然のように議論になった。スルーするのが最善だったのかもしれないが、それでは面白くないような気がして、最後は私が、「要するに勝てばいいんじゃないの?」と押し切った。

本当に勝つつもりならば、サッカーの方がいいと思い、そう提案もしたが、学部側から「若い連中と一緒に走り回るのは勝負にならない」という回答があり、やはりソフトボールということになった。

試合の日は、秋晴れだった。

第一試合は学部—三鷹宿舎戦。学部チームの中心選手は、4番キャッチャーの蓮實重彥だった。蓮實が文芸評論家主体の野球チーム「枯木灘《かれきなだ》」の主力だとは聞いていたが、なるほど確かに、と感心させられた。ただし試合はあっさり、4回コールドで三鷹宿舎が11—0で勝った。

第二試合は駒場寮—三鷹宿舎戦。当然ながらこれが事実上の決勝だと思われた。かなりの好ゲームで、最後は9—7で三鷹宿舎の勝ちだった。

そして第三試合を迎えた。『東京大学新聞』では「最終戦の駒場寮対教養学部戦を前にして、駒場寮側ベンチには楽勝ムードが漂っていた。完全に学部チームをバカにしていた」と伝えられている。なるほど、たしかに楽観していたのかもしれない。

ずっと見物していたある寮生が、

「僕を出してくれませんか？」

と言った。普段、あまり寮の活動には参加していない寮生で、意外な感じがした。野球もそう得意そうには見えない。しかし、せっかくその気になっているんだから、とその意気込みを買った。

そして試合のことは、本当によく覚えていない。気がついたら最終回の7回が終わり、1―7で負けて、呆然としていたことだけだ。『東京大学新聞』には、蓮實重彦教養学部長と、小浦学寮委員長のコメントが掲載されている。

蓮實「こんな結果になるとは思っていませんでした。全くの計算外です。本当はもう少し接戦をしたかったんですがね」

小浦「こんな結果、恥ずかしくてもう死んでしまいたいくらいです」

確かに私も恥ずかしかったし、後でいろいろと批判を浴びることになったのだが、それはしょうがない。

なお、1997年には、「東大駒場寮廃止反対記念試合」と銘打たれて、枯木灘と駒場寮関係者チームの間で軟式野球の試合がおこなわれている。枯木灘側は、ピッチャー・柄谷行人、セカンド・いとうせいこう、ライト・絓秀実《すがひでみ》、という布陣だった。４番キャッチャーの蓮實の姿はなかった。94年時には教養学部長だった蓮實は、97年には東大総長になっていた。

一局の人生

私はそのころラディゲの年齢を考へてほろ苦くなる習慣があつた。ラディゲは二十三で死んでゐる。私の年齢は何といふ無駄な年齢だらうと考へる。今はもう馬鹿みたいに長く生きすぎたからラディゲの年齢などは考へることがなくなつたが、年齢と仕事の空虚を考へてそのころは血を吐くやうな悲しさがあつた。私はいつたいどこへ行くのだらう。
（坂口安吾《さかぐちあんご》「いずこへ」）

小説『肉体の悪魔』などで知られるフランスの小説家であるレイモン・ラディゲは、23歳どころか、満20歳で亡くなっている。それはともかくとして、テンプレートとしてはよくある一文だろう。自分の専門だったり、好きだったりする分野の、早熟な人間の若い頃を思えば、すぐに切なくなれる。80年代後半のある寮委員長は、18歳でボブ・ディランは自身の境地を開いたのに、自分は何をやっているんだろうと思い、ほとんど単位も取らないまま退学したと聞いた。私にはそんな思い切ったことはできなかったが、いろんな人間の名前とその若い頃を思い浮かべては、憂鬱《ゆううつ》な気分になっていた。

田原淳《たわらすなお》という、心臓学の基礎を築いた、世界的な病理学者がいる。現在の大分県国東《くにさき》市出身で、明治の中頃に一高に入学し、東京帝大医科大に進んだ。帝大進学やドイツ留学などの学費を工面し、田原を支えたのは養父だった。田原は養父から、「修学中は碁や将棋などの遊びごとはいっさいやめて、一生懸命に勉強しなさい」と激励されたという（上山明博《うえやまあきひろ》『ニッポン天才伝』朝日選書、2007年）。

なぜそういう、明治の時代の、地方出身の苦学生らしい美しいエピソードを引いたのかというと、私はだいたい、その逆をやっていたからだ。学生時代の半ばから、私の主たる関心は、将棋に移っていた。法学部進学後は、昼は本郷キャンパスに通うべきところ、代わりにどこかで将棋を指していた。

東大は伝統的に、将棋部が強い。自分も東大を目指した理由のひとつは、東大の将棋部で指したかったからだ。大学入学当初、当然将棋部を訪ねた。そしてしばらくの間はそこで夢中になって将棋を指していたのだけれど、やがて駒場寮でのあれこれが忙しくなるにつれて、足が遠ざかっていた。そこへ復帰した、というわけだ。

駒場寮の存続や、まったく展望が見えない個人的な前途を考え、私の気分は殺伐としていた。その中で将棋部は、駒場寮とはまた違った、居心地のいい空間だった。将棋好きの作家、団鬼六《だんおにろく》の言葉を借りれば、将棋には「法悦」のような愉《たの》しさがある。少なくとも、普段の面倒なことを忘れることはできた。

私はその後、将棋部の団体戦のメンバーとして、全国大会で優勝することができた。大学時代に残すことのできた、数少ない成果の一つである。また在学中に将棋書籍の編集や校正を始め、そちらの方が次第に忙しくなってきていた。

将棋部は大学日本一になるほどの実績はあったが、それでも多くの部員が集まって指せる部室はない。将棋部だけでなく、サークルスペースは圧倒的に足りなかった。それを補うのもまた、駒場寮の役割の一つだった。

将棋部はいつも、学生会館のロビーで指していた。寮と同様に、学生会館もまた、学生たち自身によって運営されている。当時の開館時間は9時から21時まで。将棋部は、いつも21時ギリギリまで粘っていて、しばしば運営側から、早く出てくれと怒られていた。

駒場寮の壁の落書には、「人生は麻雀の縮図」と書いてあった。これは、寺山修司《てらやましゅうじ》の言葉とされる「人生は競馬の縮図」をもじったものだ。それにならうのであれば、私は、「人生は将棋の縮図」と言いたい。将棋の局面の可能性を数にすれば、全宇宙に存在する粒子よりも多いという。将棋にのめり込んでいれば、それは誰の役にも立たない人生であろうが、何かいろいろなことから免責されるのではないか、と思っていた。

第五章　駒場寮最後の日々

長期戦の中で

1995年、学部側は新たに寮生を受け入れることを「違法」と断じ、新入寮生を認めないという姿勢に出た。一方で寮側は入寮選考を続けていく。これを「自主入寮」という。京大の吉田寮は1980年代、大学側から一方的に入寮募集停止を通告されながら、それを不当なものとして受け入れず、自分たちで入寮募集を続けている。そして最終的には、大学側から実質的に廃寮の撤回を勝ち取っている。駒場寮存続運動の過程で、この吉田寮の成功例には、どれだけ励まされたかわからない。

95年度は、当然ながら、というべきか、例年にくらべて、新入寮生はずいぶんと減った。それでも中には、寮側と大学側の主張を読み比べて、寮側の方が正しいと思った、という新入寮生もいた。寮に入り、寮で暮らし続ける、というだけでも、それはもう、存続への賛意となった。そして彼らは即戦力として、存続運動の担い手となっていった。

弱い立場の側が、本当に勝つための戦略を立てようとする。そのためには短期決戦に持ち込むのがいいか、それとも長期戦で根比べをするのがいいのかは、状況によって違うだろう。駒場寮の場合は、どうであったか。

廃寮の噂が出た段階で、短期決戦で一気に学部側の計画をつぶしてしまうべきだった、という声も聞かれたが、実際問題として、当時の状況では、それは無理だった。一方的な廃寮通告を受けてからしばらくしてはじめて、寮の存在価値を再認識した、という寮生も多かった。

好むと好まざるとにかかわらず、存続運動は、長期戦の様相を呈していた。寮委員であっても、朝から晩まで運動に関わっている、というわけにはいかない。一高時代から学生の間でずっと使われている言葉のひとつに、「消耗」がある。運動の途中で、消耗していく寮生は多かった。

私がマッキーを偉いと思ったのは、うんざりするような長期戦の中で、ずっと存続運動に関わり続けたことだった。いや、マッキーも生活のためにバイトをしたり、麻雀《マージャン》をしたり、適当に手を抜きながらだっただろうけれど、それでもずっと、運動の中心であり続けた。

「マッキーはさ、寮問題は別にして、この先、何をしようとか、そういうのはあるの？」

と私は尋ねてみた。

「んー、あんまりないなあ。目標は、そうだな。21世紀まで寮に住み続ける、ぐらいかな」

マッキーはそう言って笑っていた。

マッキーだけではなく、よく話をしてもらった先輩はたくさんいる。佐々木《ささき》直哉《なおや》さん（89年入寮）もその一人だった。学生会館の運営事務室の前で、元学館議長だった直哉さんが猫を膝《ひざ》の上に乗せながら、ギターを弾く光景をよく覚えている。フランス現代思想への未練を捨てきれないマッキーを、正統マルクス主義者の立場から直哉さんが一刀両断する関係だったと直哉さんは言うが、二人がそんな高尚なやり取りをしていたとは、私にはわからなかった。

「直哉さんはショッカーに改造された人間なんだよ」

と、寮に入ったばかりの私は他の先輩から教わった。直哉さんはもともとは民青だったのだけれど、後にノンセクトに転向した、という意味だった。自らが左翼であることを公言してはばからなかったけれど、旧来の左翼の生真面目さと、ノンセクト的ないい加減さの間に立って、バランス感覚に優れている人だった。

寮生ではないけれど、寮存続運動に参加していた学生もたくさんいる。たとえば、94年入学の松井《まつい》隆志《たかし》もその一人である。

松井は寮内に部屋を持つ「文藝理論研究会」（文理研）というサークルのメンバーだった。私は寮内の違う部屋に住んでいたが、文理研にはしばしば遊びに行った。松井も私も、文学青年だった、というわけではない。

文理研はその名称の通り、文芸理論を研究していたこともあり、それがサークル名になっているという説もある。一方で、キャンパス内で適当に拾ってきた看板に「文藝理論研究会」と書いてあったので、それがそのままサークル名となった、という説もある。もうはっきりとはわからないが、古い関係者に話を聞いてみると、どうも後者の説が有力のようだ。

文理研には三段ベッドがあって、自分が寮を出た後で、たまに寮に寄った際には、ここでよく寝させてもらった。東京女子大から文理研にやってくる女の子がいたが、彼女もしばしば、この三段ベッドのどこかで寝ていた。彼女は部屋の連絡ノートによく、眉毛《まゆげ》の太い松井のイラストを描いていた。

駒場キャンパスにおいて「文理研」の名は、80年代前半からは、「ノンセクト・ラジカル」の活動家が集うサークルとして知られるようになった。ざっくり言うと、党派性を持たない、「サヨク」っぽい学生のたまり場だった、ということだ。文理研は北寮2Sだったので、「2S《にえす》」とも呼ばれた。斜め向かいにある北寮1Bの桑の実会（民青）とは、その位置関係通り、対照的だった。

文理研は私が寮にいた90年代前半は、差別や貧困、その他様々な社会問題に関わりを持つ人たちが集まっていた。

私が初めて活動家の外山恒一《とやまこういち》の姿を見たのも、ここだった。外山は当時、『さよならブルーハーツ』（JICC出版局、1993年）という本を出版したばかりで、私もそれを読んでいた。こんなところで、こんな有名人に会えるとは思わなかった。外山の著作を読むと、外山らは1989年、春休みで休業中だった駒場寮の寮食堂に泊まり込んで、3泊4日で「全国高校生会議」を開催している。百人近い高校生が全国から集まったそうで、そういう場をフリーで提供しているのも、駒場寮ならでは、と言える。

外山の姿はその後、しばしば都内で見かけた。外山はギターの弾き語りをしていて、ギターも歌も、驚くほどに上手《うま》かった。私はこれまで、ブルーハーツの楽曲をカバーする人たちをたくさん見てきた。その中では、ある年の初夏の夜、高田馬場《たかだのばば》の駅前で外山が歌っていた「TOO《トゥー》

MUCH PAIN《マッチペイン》」がベストだったと、今でも思っている。

外山は後年、「極左活動家」から「ファシスト」に転向（肩書はいずれも外山の自称）。都知事選に立候補して、奇抜な政見放送で脚光を浴びていた。

マッキーや松井は、身体的に何らかのハンディを負った人々の介助活動をしていた。保護する立場ではなく、あくまでも助ける立場だ、ということで、「介護」ではなく「介助」という言葉を使うのだと教わった。

私も一度、松井に熱心に誘われて、Kさんという方のお宅に介助でおじゃましたことがある。いつも先輩をものともしないような生意気なことを言っている松井が、快活に働いているのを見て、本当に感心した。と同時に、とてもではないが、自分のようないい加減な人間では務まらないと思った。私は、マッキーや松井、その他多くの、介助のボランティア活動をしている人々、口だけではなく実践的に社会と関わる人々を尊敬していた。

過ぎていく時間

「おお来たな、我利我利《ガリガリ》亡者どもめ」

寮側の学生が学部長室に抗議に行った際、ある教員は、薄笑いを浮かべて、そう言っていた。

いや、それはこっちのセリフなんだけれど、と言いたいことを彼らはよく、先回りして言ってきた。

「国が悪いのは、まわりまわって、君たちが悪いのだ」

寮と学部との交渉の席上で、ある教員はそう言った。文部省の政策がよくないと君たちは言うけれど、それは、文部省に従わざるをえない大学側の責任ではない、と言いたいらしい。国が悪いというならば、選挙権を持っている君たちや、君たちの父兄がなんとかすればいいではないか、と。

「動き出したものを途中で止めるということはできない」（永野《ながの》三郎《さぶろう》『東京大学新聞』１９９４年1月1日号）というのが、学部側のほぼ一貫した主張だった。もしそれがこの国の行政の流儀とするならば、その流儀によって、途中で問題が指摘されても、計画見直しも軌道修正もされず、多くのケースで損失が増幅されてきたのではないのか。

こんな不毛な調子で、その後も学生側と学部側の交渉の場は続いていく。寮側が正しいと信じる主張を原則的に譲らず、学部側がそれを聞く気がないのであれば、妥協点は見つからない。ただ時間だけが過ぎていく。そうなれば、三鷹宿舎建設の既成事実がクローズアップされていくことになる。

95年10月17日、教養学部側は市村宗武《いちむらむねたけ》学部長名で、改めて駒場寮側に対して、「廃寮通告」をおこなうことにした。場所は11号館内のかなり広い教室の予定だった。このとき集まっていた寮生と学生は、二百人は超えていたのではないかと思う。一方で学部側も、多くの教職員に動員をかけていたが、寮生側の抗議の中で、結局、教室の中では何も始まることがないまま終わった。

その後はそのまま、学部長室のある101号館で抗議活動が続いた。徹夜の長い押し問答が続いた後、朝7時前になって、学部長と寮自治会、教養学部学生自治会とによる団体交渉が改めて開かれることが決まった。


廃寮を進める学部側の教員たちそのものを、私たちはどう評価すべきだったのだろうか。

「我々の運動がさまざまに未熟であったことは認めるけど、それを差し引いてもやつらは醜悪だった」（『東京大学駒場寮同窓会会報』第8号）

と佐々木直哉は著している。その上で、こんなことを言っている。

「当時、特別委の面々は唾棄《だき》すべき醜悪な存在として糾弾の対象でしかなかったけど、現在の評価はだいぶ違う。かれらもまた無力な存在に過ぎなかったと思えてならない」

直哉さんは当時を評する上で、ハンナ・アーレントが分析した、ナチス・ドイツのアドルフ・アイヒマンを引き合いに出している。ホロコースト（ユダヤ人の大量虐殺）を推し進めたアイヒマンは、どれほど残虐な人物だったかというと、実は拍子抜けするほどに平凡な人間だった。絶対的な邪悪などではなく、主体性を全く欠いた、凡庸な小役人が世紀の残虐行為を為《な》したのだと、アーレントは言っている。

「直接対峙《たいじ》していたあの当時、特別委の面々を能動的に悪に加担してるヤツらだと思っていたけど、実際のところはどうだったんだろうか。『システムに組み込まれた無力な存在』というのがかれらの自己評価で、実は自分たちを被害者だと認識してたんじゃないかな。だからってやつらを許しはしないけど、以前よりはかれらが無力な存在に見えるいま、かれらを糾弾することはむなしさが先行する」

直哉さんが言っているように、確かにむなしい。そして私は当時から既に、本当に、いろいろなことがむなしかった。

寮内バー

夏と秋の寮祭ではいつも、北寮前で生ビールが売られていた。それとはまた別に、秋の寮祭では、有志により、寮内で「コマバー」という名のバーが開かれていた。このバーはなかなか好評だった。

そして95年からは、寮祭時だけではなく、週に何度か営業される、常設のバーが置かれることになった。部屋は北寮0Bが使われたので、「ゼロバー」と呼ばれた。

バーのスタッフは寮生が多かったが、当時のマスターの阪口浩一《さかぐちこういち》は、東大生ではなかった。全世界を旅して回り、日本に帰ってきてからは、駒場寮に出入りすることが多くなっていた。

始まってみると、ゼロバーは盛況だった。寮自治会公認の運営で、経費以上に儲《もう》けようという目的はない。カクテルは1杯200円、つまみも100円から300円までと、ほぼ原価に近い安い値で提供されていた。

利用者は寮生だけではなく、多くの学生や大学関係者、そして学外の人が訪れるところとなった。97年頃には、忌野清志郎も現れている。

寮OBだというペンネーム阿波六吉（大学教員）は、バーをこう評価している。

象牙《ぞうげ》の塔にこもらないということが、大学再編のスローガン的に使われていますからね。90年代の大学再編はそこが一番違うんじゃないですか。

その意味で寮で飲む場所を作ったというのは実は画期的なんだよ。駒場でいうと、酒を飲める場所を作れという要求は、教官からも学生からもずっとあったんだよね。で、生協で議論すると、18、19の学生がいるから出せない。じゃあ学館でだそうかとかいろいろ計画はあったんだけど、実現してこなかった。それが、駒場寮という場所は居住空間だという性格から駒場寮は作ろうと思えば作れた。でもそれを作ってこなかった。それは東大生が決まり守って管理していくのが好きだというのがあるのかなぁ。ところが、最近になって寮がバーを作った。あれはテレビなんかでも取り上げられたから、テレビを見てきたお客さんが来てて、そこへ読売新聞の記者がきたりして。そのうち、駒下の商店街で酔っ払っているおじさんなんかがやってきて盛り上がったりすると、大学側が、盛んに「地域への還元」とか「地域に開かれたキャンパス」と言っているけど、その辺を駒場寮の方が先取りできる契機になるんじゃないかと思いますよね。

（「駒場寮を考える」『現代思想』1997年5月号）


ところで1966年、三鷹寮では、寮生の数人がレコード室を改造してバーを営業していたことがあった。バーの名前は「クラブB・B（べべ）」。ビールが1本150円。女子大生をホステスに雇って、文学の話などをさせていた、というから本格的である。

これを起業精神に富んだ面白い試みと見るか。それとも国立大学の施設でなんと不謹慎な、と見るか。当時にあっては、後者の見方が圧倒的だった。

バーは寮自治会が運営に積極的に関わっていたわけではなく、数人の寮生の活動を黙認していた格好だった。やがてこのバーは、寮の内外で問題視されるようになる。経営に関わった寮生3人は、全寮生大会の決定により、退寮処分となった。それを受けて教養学部側は、中心人物だった1人に自主退学を促している。

『朝日新聞』（1966年7月13日朝刊）の報道は「東大学生寮（三鷹）でバーごっこ」「ルーズな自治に反省」「『ごく一部の学生の起す』この『極端な事件』――ちかごろ少し、多すぎはしまいか」と手厳しい。

90年代を駒場寮で過ごした私から見れば、退学を迫られるほどのことだろうか、とも思われる。

もちろん現代でも、国立大学の敷地内でバーなんて不謹慎だ、という人もいるだろう。しかし90年代の駒場寮のバーの営業は、廃寮問題は抜きにして、面白いという声をあげている人が多かったように思う。

２００９年からは東大農学部の構内に、大学公認のバーができている。運営しているのは外部の業者である。原則上３年生以上が通う弥生キャンパスや本郷キャンパスには未成年学生はいないという判断からか、いいねという声は聞かれても、けしからん、という声はあまり聞かれないように思う。

強硬手段開始

96年３月31日。年度替わりの前の日のこと。90年代のはじめ頃までは、北寮前の花見といえば、のどかなものだっただろう。しかし廃寮を突きつけられてからというもの、そういうわけにはいかなくなった。そしてこの年、北寮前には寮生だけではなく、多くの学生や寮ＯＢが駆けつけた。学部側は翌日、翌年度から、駒場寮を「違法」なものとみなすという宣言をしていた。

こういうときに、陰鬱《いんうつ》な顔をしてはいけない……。そう思っていたタイミングで、あるＯＢが歌い出した曲は、寮歌でも、インターナショナルでもなく、中島みゆきでもなく、「いちご白書をもう一度」だった。気持ちはわかるけれど、そのセレクトはいかがなものだろうか。

そのうち違うOBが、満を持してという面持ちで、一升瓶を持って立ち上がった。OB氏は一升瓶を股間《こかん》に当てて前後に振りながら、妙な節でうなり始めた。

ひとーつ、ひとつ、ひとより、よかちんちん　はー、よかちんちん、よかちんちん
ふたーつ、ふれば、ふるほど、よかちんちん　はー、よかちんちん、よかちんちん
みーっつ、みれば、みるほど、よかちんちん　はー、よかちんちん、よかちんちん

この調子で10番まで続く、昭和の昔の伝統芸「よかちん音頭」を、私はここで初めて見た。昔は駒場寮でも、こういうノリの飲み会をやっていたのだろうか。見ている私は脱力しながらも、センチメンタルな歌でしんみりするよりは、よほどありがたいと思った。やがて日付は変わり、4月1日、新しい年度を迎えた。

以後学部側は、多くの教員、職員を動員して、強制的な措置を取り始める。

従来であれば教職員が無断で寮の敷地内に入ることはできなかった。しかし、もはや駒場寮は存在しないものとして、寮の中に入り込んできた。寮側ではこの部隊を「説得隊」と呼ぶ。雇ったガードマンを伴っての実力行使も辞さない集団で、口頭による穏やかな呼びかけどころではなく、恫喝《どうかつ》的な言辞を口にする教員も少なくなかった。空き部屋とみるや、ドアに材木を打ちつける。中にはまだ部屋に住人がいるのに、ドアを開けないようにするケースもあった。やがては、

ガラスを叩《たた》き割る教員まで現れた。

4月8日。この日からは一斉攻撃が始まった。説得隊が現れるだけではない。これまでずっと寮に供給されていた、ガスと電気を止められた。もちろん覚悟はしていたが、まさか本当にやってくるとは思わなかった、という寮生もいた。このあたり、学部側にはほとんど躊躇《ちゅうちょ》のようなものが感じられなかった。

さらには、パワーショベルを使って、寮裏側の渡り廊下の破壊を始めた。本丸の居住棟の前に、まずは周辺から壊していく、というデモンストレーションの意味もあったのだろう。

立ち退きなどを求める側が、ライフラインをストップしたり、建物を壊すことを、「自力救済」と呼ぶ。法的には、この自力救済は認められていない。

電気が止められた後、寮生たちはとりあえず、ろうそくに火を灯《とも》して、夜を明かした。旧制一高の時代には、消灯後にろうそくをつけて勉強することを「蠟勉《ろうべん》」と呼んでいた。火事の原因になりうるので、推奨などはされたりしない。

翌9日、教養学部内の学生自治団体の代表者がそろって、記者会見を開いた。そこで代表者たちは学部の強硬措置を非難し、交渉の再開を求める共同声明を発表している。この間の学部の行動については、マスコミも多く取り上げていた。だがこうした学部側のやり方は、その後も執拗《しつよう》に繰り返されていく。

記者会見の後、学生たちは、共同声明を学部長室のある101号館に届けに行った。ここで対応に当たった永野三郎（評議員、元三鷹国際学生宿舎特別委員長）からは、「人道的にはよくないが、法的には問題ない」という言葉が聞かれた。

「知のモラル」とは

学部側が強硬手段に出た後で、新聞ではこういう報道がされていた。

（前略）学生四、五十人が声明文を学部長に手渡そうとしたところ、学部長室がある会館入り口で大学職員が「学部長は不在だ」と、行く手を遮った。これをきっかけに、学生側と四、五人の教授らとの間で押し問答になった。学生側は「声に耳を傾けろ」と押し寄せ、教授たちは「得意の暴力か」と応酬した。

（『朝日新聞』１９９６年4月10日朝刊）

記者が書き留めた最後の一言などは、近所のこずるい子どものような口調であろうか。彼らはだいたい薄ら笑いを浮かべながら、「ほうら、暴力学生が来たぞ」というような言い方をよくした。控えめに言って、そこにはあまり、知的なものは感じられなかった。暴力という点においては、寮生側は、はなから勝ち目はない。税金でガードマンを雇い、パワーショベルで建物の破壊を始める学部側の圧勝である。寮生側が取りうる抵抗手段はせいぜい、抗議の声を上げるか、一方的にやられるだけの中で座り込みをするか、ぐらいしかない。

ところで1994年、教養学部文系の必修科目である基礎演習のテキストとして『知の技法』(東京大学出版会)という本が出版され、ベストセラーになっていた。編者は駒場の教員の船曳建夫《ふなびきたけお》(文化人類学)と小林康夫《こばやしやすお》(表象文化論)。以後、95年に『知の論理』、96年に『知のモラル』と出版され、これらは「知の三部作」と呼ばれた。

96年4月、『知のモラル』が刊行された際に、記念のシンポジウムが開催された。その際に駒場寮OBが二人、批判ビラをまいた。足元の駒場で暴力的に駒場寮廃寮を強行している側は、どういう立場で「モラル」など説けるのか。そうした批判は当然、寮生や支援者の間から起こった。このとき、OB二人は排除されて、対話はできなかった。

後に船曳は寮に出向いて、批判者との対話を提案した。この点については寮生の間からも、賞賛の声が上がった。そこで企画されたのが、96年夏の寮祭における、討論会である。会場は生協食堂で、パネリストとして船曳建夫、野矢茂樹(哲学者、元三鷹特別委員)、朝倉幹晴(寮OB、元寮委員長)、佐々木直哉(寮OB、元学生会館議長)が参加した。その模様は雑誌『情況』(1996年12月号)にまとめられている。

野矢は一時期、三鷹特別委の一員であったが、寮生の側からは数少ない良心的な教員として評価されていた。野矢は「寮生は寮自治と心中しようとしている」と見ていた。そして、96年のこの段階における寮の存続の可能性については、「限りなくゼロに近い」と認識している。

朝倉は、『知のモラル』からは、「学問すること自身に対する罪の意識が感じられない」とし、「行動と学問の不一致」を指摘する。

船曳は60年代末の、東大全共闘の参加者でもある。その立場も踏まえて、こう語っている。

「こういう会を持った方がいいと僕が思ったことからお話ししますと、どうせ負けるなら、何にも後に残らない負け方をするのはあまり良くないから、いろんな人が集まって話し合う場を何回か持った方がいい。そうでないと、どーんと負けて、十年経つと誰も覚えていないということになる」

「『負け方』について考えないと日本では相変わらず真剣になってゴーンと負けて終わり、ということになる。（寮生に）一言だけ言っとくと、裁判闘争はやらない方がいいという忠告は大いにしたい」

改めて言われずとも、長い運動の中で寮生たちは、様々な可能性、方策を考えていた。しかし寮側が原則をまげて、妥協するという道は、はたしてあったのだろうか。

大学自治の原理原則

戦前の大学では、為政者や軍人にとって都合のわるい学問研究は、簡単に弾圧の対象となった。その例を挙げていけば枚挙にいとまがないが、ここでは駒場寮に関連する人物として、木村健康に関する事件を紹介したい。

木村の師は、東京帝大経済学部教授で、自由主義者として知られる河合栄治郎《かわいえいじろう》だった。戦前、河合はファシズム批判を繰り返したために右派から圧力をかけられ、1939年、当時の東京帝大総長の裁定によって、休職を余儀なくされた。これに抗議して、当時助教授だった弟子の木村は、辞表を提出した。ちなみにこの時、木村と同様に辞表を提出しながら、木村と違ってすぐに撤回した大河内一男《おおこうちかずお》は、60年代に東大総長となり、東大闘争時に学生側から追及を受け、総長職を辞任した人物として知られるようになる。

東京帝大を辞した木村は、後に一高の教師となった。そして前述の通り、戦時中には寮主任として駒場寮に寝泊まりし、寮生とともに、一高の自由を守ろうとした。その後日本の敗戦が決定的となっていた1945年4月、木村が「生徒の反戦思想を煽動《せんどう》した」という嫌疑で、寮内に憲兵が乗り込んでくる。逮捕される直前、木村はとっさに寮委員の一人に、戦局に関する悲観的な見方を書いていた日記を渡し、預かってくれるように頼んだ。半月ほど憲兵から取り調べを受けた後、木村はようやく釈放された。

留置場を一歩出ると、そとは若葉の匂いが漂う美しい五月であった。あのときほど私が「自由」ということの価値を肌で感じたことはない。私が留置されている間に、第一高等学校の同僚が憲兵に何と答えたかは、憲兵の口を通して逐一私に伝わっている。私の感想は、学者といえども、真に勇気あり節操ある人は極めて少ない、ということであった。憲兵に阿諛《あゆ》追従しなかった稀《まれ》な人たちは、その後も学者として大成しているが、そうでない人は学者の名に値しない俗物であった。

（木村健康『東大　嵐の中の四十年』春秋社、１９７０年）


戦前におけるこれらの事例と、それに対する強烈な反省を踏まえて、戦後は「表現の自由」「学問の自由」「思想・信条の自由」などが保障され、憲法に明記された。

弾圧の実行者は、主に警察だった。そこで大学内には、警察は許可なく踏み込んではならないというルールができた。

もちろん当然ながら、大学内でも様々なことが起こる。そこで、最低限の秩序維持のためにはどうすべきか、という話になる。

もしアカデミッシェ・フライハイト（編注：ドイツ語で「大学の自治」の意味）を徹底させて警官を構内に入れないなら、ドイツでそうであるように大学自身が警察と刑務所をもたなくてはならないということが、議論になったことがあった。

（竹山道雄「一つの秘話」『教養学部報』1980年2月18日）


現代の日本では、学内警察の制度はとりえない。しかし大学も社会の中に存在する以上、治外法権ではありえない。そこでやはり、警察を導入せざるをえない場面も出てくる。ただしその場合は、本当に必要最小限の時だけであろう。これが戦後の、大学自治の基本だった。

一方で、戦後の日本では早々に、警察と大学との関わり方がクローズアップされる事件が起きている。それが1952年2月に起こった、いわゆる「東大ポポロ事件」である。

ポポロ（popolo）とはエスペラント（国際共通語）で、英語に直せば「people」、すなわち、民衆、人々という意味である。事件に登場するポポロとは、東大学内の劇団のこと。ポポロ劇団が東大の本郷キャンパスの法文25番教室で演劇の発表会をおこなったところから、事件は起きている。ちなみに25番教室は法学部生にとってはなじみのある大教室で、法学部生たちはだいたいここで主要な科目の講義と試験を受ける。また法学部の学生大会も、この教室でおこなわれていた。

ポポロ劇団による演劇は、松川事件を題材としたものだった。松川事件とは1949年に福島県の松川駅近くで列車が脱線、転覆する大事故で、乗務員3人が死亡した。事故は人為的に引き起こされたものとして、多くの容疑者が逮捕された。裁判では一審で死刑5人、無期懲役5人などの判決が下った。しかし裁判が進行するにつれて、次第に容疑者たちの無実が明らかになり、最高裁では大逆転で二審判決が破棄され、後に全員が無罪となっている。

松川事件の真相は、未だに判明していない。戦後史に残る、ミステリーの一つである。

こうした社会的に大きな注目を浴びている事件を取り上げているところから、ポポロ劇団は警察にマークされていた。本郷での演劇発表会には、近くの本富士警察署から、複数の警察官が私服で潜入していた。しかしこの警察官たちは、潜入していることが学生たちにバレてしまい、学生らに取り押さえられる。学生たちは警察官から警察手帳を奪った。そして、その警察手帳によって、警察官たちが以前から大学構内に無断で入り込んで、学生や教職員などの動向を調査していたことが判明した。

まず最初にルール違反を犯しているのは警察側である。しかしこの事件で逮捕され、起訴されたのは、警察官をとらえた学生たちだった。一審と二審では、学生側は無罪となった。ところが、最高裁が差し戻しを命じることで、逆転。差し戻し裁判の後で、学生たちの有罪が確定した。この事件は学問の自由、大学の自治などのテーマにおける、代表的な判例の一つとなった。この判例に対しては、学説では、批判的な見解が有力である。後の99年、東大教養学部側は、寮との裁判で、自らの主張を補強するため、ポポロ事件判決の要旨をそのまま無批判に踏襲した答弁をおこない、寮側を驚きあきれさせている。

２０１４年には京大で、やはり無断で学内に入り込んでいた公安警察を学生側が取り押さえるという事件が起こった。そのときにはやはり、ポポロ事件が思い起こされることになった。

大学自治と警察

１９５２年7月18日の早朝午前5時過ぎ。夏休みで学生の多くが帰省している駒場寮を、動員された五百人の警官が取り囲んだ。同年5月に起こった、いわゆる「血のメーデー事件」の騒擾《そうじょう》容疑で、５人の学生を逮捕するためだった。当時の新聞には「今回の捜索は当局の極秘の行動で事前もれによるトラブルは全くなく同七時半平穏に終了した」とある（『朝日新聞』１９５２年7月18日夕刊）。逮捕された中の一人で、当時、経済学部自治会の委員長だった千田謙蔵《ちだけんぞう》は、東大ポポロ事件の当事者でもあった。千田は当時の取り調べの様子を、このように語っている。

刑事部屋ではまず、指紋採取があった。指紋を取られまいと拳《こぶし》を固く握り締め、抵抗すると、爪の間に針を突き刺された。激痛に耐えられず指が伸び、10本の指紋を全部取られた。ふらふらの状態で立ち上がると、フラッシュをたかれ、虚脱状態の表情を撮られた。屈辱の一言。戦後の一時期まで、戦前の特高警察のような拷問が行われていた事実を、今の若い人に知ってほしい。

（『読売新聞』２０１５年4月12日朝刊）


千田はその後、秋田県の横手《よこて》市長を5期20年務めている。

千田らが逮捕される際に、寮内からは多くの記録文書が警察に持ち出され、返ってこなかった。駒場寮の初期の中央記録が存在しないのも、この時に持ち去られたままだから、と推測されている。

その後、駒場キャンパスや駒場寮に警察が入ってくることは、何度もあった。

駒場寮存続運動も終盤を迎えた頃に、寮生による調査によって判明した事実がある。それは、１９９４年から95年にかけて、教養学部の執行部は、目黒警察署と懇親会を持っていたということだ。証拠文書が残っていたため、学部側は一切の言い逃れができなかった。

参加者は、94年11月には蓮實重彥学部長、川口昭彦《かわぐちあきひこ》評議員、大森彌《おおもりわたる》評議員、永野三郎三鷹特別委員長。

95年7月と11月には市村宗武学部長、大森彌評議員、永野三郎評議員、小林寛道《かんどう》三鷹特別委員長。

執行部の他には駒場寮廃寮を推し進める「三鷹特別委員会委員長」の肩書を持つ教員だけが参加している、ということは何を意味するだろうか。大学当局と警察がことさらに、いつでも敵対する必然性はない。しかし、大学当局と学生が対立している状況の中で、大学当局と警察とが、必要以上に馴《な》れ合うということがあれば、それは当然、問題になるだろう。

法的措置

96年6月の教授会において、「法的措置の学部長一任」が決定される。これについて、教員たちは何を思っていただろうか。

寮生には「裁判闘争なんかしない方が良いよ」と言うし、「教授会メンバーとしては、執行部に裁判になんか訴えない方が良いよ」と言う。

（『情況』1996年12月号）

と船曳建夫は7月のシンポジウムで語っていた。しかしこの後、フリーハンドを得た執行部は、徹底的に法的措置を推し進めていくことになる。

同じシンポジウムで野矢茂樹は、法的措置の一任に関する件なのか、あるいは別件なのか、明言は避けられているが、教授会における、あるエピソードを紹介している。当時の東大教養学部の教授会の実態を知る上で、貴重な証言なので、紹介しておきたい。

教授会で、寮問題についてある事柄が問題になり、「この件については執行部に全権を委任してもらいたい」という趣旨の発言があったときのことです。それはかなり重要な問題でしたから、ある人がその件について「採決をとっていただきたい」と発言しました。すると、採決をとるにあたって、採決をとるかどうかをまず採決しなくちゃいけない、ということらしいんです。ところがここでまた別の発言があって、「執行部に全権を委任するかしないかで採決をとるというのは、執行部に対する不信任案と受けとめた上で採決するべきである」と言われた。しかし、これはおかしい。問題はあくまでも今問題になっている件について全権を委任するかどうかであって、執行部そのものへの不信・不信任ではないはずです。一つでも全権を委任しないというなら執行部そのものを取り替えなければならない、ということにはならないでしょう。それじゃあ、こっちは全く口を出せなくなりますからね。もちろん、いちいち口を出していたのでは何もできなくなるし、速やかな対応が不可能になりますから、ある程度は任せなければならない。でも、全てではない。これは、執行部不信任案の採決をすべきかどうかを採決するという雰囲気の中で、採決のための採決が行なわれ、圧倒的な多数で採決しないということになりました。これは私には非常に不愉快な出来事でした。
（『情況』１９９６年12月号）

野矢は論理学を学ぼうとする人たちのために、『論理トレーニング』（産業図書、１９９７年）

など、多くの著作を出版している。野矢ほどの論理学のエキスパートではなくとも、問題のすり替えが行われていることは、すぐにわかるだろう。そういう理屈にもならない理屈が通って、議事が進められ、物事が決められていくという状況の一例であろうか。

絶望の裁判所

駒場寮自治会はかつて、自分たちで入寮者を選考した後で、入寮者のリストを教養学部当局に提出していた。しかし学部側が寮を違法とみなした後では、その必要もなくなった。むしろ寮生のリストをさらすことは、法的措置を学部側が強行しようとしている段階においては、寮生たちの不利益へとつながる。一方で学部側は、誰がどこに住んでいるのかを特定しようとやっきになった。

95年の段階では、新1年生の入寮を、学部側は「違法」とみなしていた。そしてそのリストを、寮フを使って入手した。それが明らかになった後、寮生たちは「スパイ強要」だとして、寮生と親しい寮フにそういうことをさせる学部側に対して、憤激した。

96年からは「説得隊」が、寮内を偵察して回るようになった。

そうして執行部が法的措置の一任を取りつけてから間もなくの8月。学部と国は、明け渡しを求める駒場寮生を特定するため、裁判所に対して、「占有移転禁止」の仮処分申し立てをおこなった。仮処分とは一般的に、何らかの緊急性がある場合に申し立てるものだが、駒場寮のケースはそれに該当するであろうか。しかしこの仮処分申し立ては、あっという間に裁判所が認めている。
翌97年2月には、学部と国は、今度は北・中・明寮の明け渡しを求める仮処分申請をおこなった。駒場寮の公式サイトでは、この後の審尋の模様が次のように述べられている。

裁判所での審尋は、常に寮側有利で展開しました。学部当局・国側の主張が、虚偽と欺瞞《ぎまん》であることが寮側弁護士の追及や我々の陳述書で次々と明るみに出たからです。学部当局と国の足並みも乱れました。その結果、彼らは三棟同時『明け渡し』を断念しました。

これは寮側にとっては、少なからぬ勝利であった。学部と国側はこの段階において、北寮と中寮の明け渡しを断念した。しかし、明寮に関しては、学部と国側の主張を裁判所が認めた。
この決定を下した裁判長は、東京地裁の瀬木比呂志《せぎひろし》だった。瀬木は東大法学部出身の、いわゆる「エリート裁判官」だったが、後に退官。２０１４年には『絶望の裁判所』（講談社《こうだんしゃ》現代新書）という著書を出版し、この国の裁判所に正義を求めても無駄だということを、綿々と語っている。おっしゃる通りでしょうね、とうなずこうにも、どうにも皮肉な話である。

立てこもり

97年3月、明寮に強制執行がかけられる前に、どういう対策を取るのか。明寮には「債務者」として特定された寮生以外はすでに入ることはできない。そこで考えられたのは、「債務者」として特定されていた、森泰一郎《もりたいいちろう》さんの部屋に誰かが閉じこもっていて、裁判所の執行官が来たらそこで時間稼ぎをし、弁護士が来るのを待つ、というものだった。本当にそんな作戦が有効なのかどうかはよくわからないが、やってみる価値はあるのかもしれない。

「モリタイ」と呼ばれていた森泰一郎さんは、元総代会議長。80年代前半の負担区分闘争の頃から、寮問題には携わってきた。森さんは当時、博士課程の院生で忙しい身だった。そうして選ばれたのが、将棋ばかりやっていて、暇そうに思われていた私である。

私は当時すでに、駒場寮生ではなかった。本郷キャンパスの法学部に進学して、井之頭寮という本郷寮に住んでいた。井之頭寮は駒場寮OBが多いところで、廃寮問題に関しては一貫して、駒場寮を支援していた。私は当時、その井之頭寮の委員長でもあった。

しかし、明寮の部屋に閉じこもるのはいいとして、どうやって中に入るのか。周囲はガードマンや学部関係者に監視されている。考えられた作戦は、トランクに私を入れる、というものだった。マッキーが持っていた大きなトランクの中に私が入り、森さんやマッキーたちがそれを抱えて、明寮2階の森さんの部屋まで運ぶ。いやそんなの怪しすぎてすぐにバレるだろう、と思ったが、意外にすんなりと、それが通った。

食料や携帯トイレなど、生活に必要なものは、時々森さんが運んでくる。私はひたすら中で本を読み、詰将棋を解いていた。カーテンは閉めきっていたので、外の様子はわからない。時おり新入生たちの明るい声が聞こえてきて、駒場にもまた春が来たのだな、と思った。

息をひそめているつもりでも、すべての音を消すのは無理である。そのうちどうやら、中に人間がいるということが学部側にもわかったらしい。まあ、それはそうだろう。というか、もっと早く気づいてもよさそうだ。

一週間ほどして、外が騒がしくなり、裁判所から執行官がやってきたのがわかった。激しくドアがノックされた後、何か書面を読み上げる声が聞こえた。鍵《かぎ》を開けないならば、無理矢理開けるということを言っているらしい。ドア越しに、こう叫んでみた。

「弁護士が来るまで開けたくないんだけど」

向こうは、逮捕するわけでもないし、その必要はない、という。まあ、そう言うだろうと思っていた。問答無用でドアを外から叩き壊すというので、あきらめた。

一週間ぶりに明寮の外に出てみると、寮生たちからは、

「あれ、なんでもう出てきたの？」

という顔をされた。

「せっかく法学部生を送り込んだのに、もうちょっと粘れなかったんですか？」

と松井が言った。いやいや、自分の力では無理だった。どうすればベストだったのかは、わからない。ただ、自分の力が足りないことを、残念に思った。

女子入寮解禁

1996年、大学側は駒場寮の存在を「違法」と宣言した。一方で寮側は、大学側に遠慮することもなく、以前から理想としていた施策を実施するようになる。駒場寮はなるほど、国有財産である。ならば寮生や東大生だけでなく、広く他校の学生や市民に開かれた場所であるべきだ、とも言える。そうした方針のもとに、寮自治会はそれまで以上に、寮を開放するような施策を取るようになり、それに応じて、さらに多彩な人々が寮を訪れるようにもなる。

学部の廃寮攻撃によって新入寮生の数は減り、部屋が空いているので、本郷生の入寮もOKとした。

また女子入寮も解禁した。そもそも、「女子禁制」が解けたのは戦後すぐのことである。その後、多くの女子が寮に出入りしていた。女子用の仮宿部屋も80年代からあって、きちんと機能していた。女子の正規入寮を拒む理由は、見当たらない。

女子の入寮を受け入れるにあたっては、いくつかの準備がなされた。もちろん、男子の部屋の中に女子が放り込まれるなんてことはなく、女子専用の部屋が設けられた。また、北寮2階と中寮3階は女子専用のトイレとされた。
1997年の入寮者の一人に、山本貴子《やまもとたかこ》がいた。理Iの1年生で、「タカちゃん」と呼ばれていた。ちょうどこの頃、寮のドキュメンタリーが撮影されている。その中の主要な登場人物の一人が、山本である。
朝、寮の一室が映る。山本はラジカセにマイクをつけ、それを抱え、なんだかよくわからないテンションで、夏木マリ「いちばん好きなもの」を歌い始める。

いちばん好きなのはお化粧すること
時間をかけて口紅ひいて
目の下にマスカラつけて
昔の女優のように……

そう歌いながら、薄暗い北寮2階の廊下を通り、気だるげな寮生とすれ違い、窓からまぶしい光が差し込む階段を下りていく。北寮の入口を抜け、広場で今度は、ピチカート・ファイヴを歌っている。まだ朝なのに、「東京は夜の7時」と歌っている意味がよくわからない。よくわからないが、日常の中でそういうことをできるのも、駒場寮のノリだった。

5月に寮食堂北ホール（駒場小劇場）で宮崎学《みやざきまなぶ》と佐高信の対談がおこなわれた。司会は山本で、「宮崎さんは京都でやくざの御曹司に生まれ……」としれっと紹介していた。私は少し世代が違うけれど、面白い子が寮に入ってくるものだな、と頼もしく思った。

この頃、寮内のゼロバーに来ていた忌野清志郎に、山本はずいぶんと親しくしてもらっていたようだ。

人気者だった山本は、その後は駒場寮同窓会の事務局員も務めていた。もし駒場寮の本を書くとしたら、改めて山本にも話を聞いてみたかった。そうして私が、２０１５年3月、寮の同窓会に初めて出席してみてまず知ったのは、14年、山本が若くして亡くなった、ということだった。

ライフゴーズオン

97年、明寮は明け渡しの上、フェンスで取り囲まれた。

前述の通り駒場寮は、戦前、後に東京帝大総長となる内田祥三が設計した。関東大震災クラスの地震が起こっても、壊れないほどの頑丈さで建てられた。

そのうち明寮は、戦争が激しくなったために半分の規模で工事が止められた。駒場構内の多くの校舎は、戦災によって消えた。しかし寮は無事だった。戦争が終わっても、明寮が計画通りの規模に増築されることも、大規模な補修がされることもなかった。そして逆に六十年後、学生が反対の声を挙げる中で、明寮は大学当局の手によって壊された。
明寮はなくなってしまったが、北寮と中寮において、寮生たちの生活は続いていく。
小池龍之介（98年入寮）は、同じ山口県出身の高島雄哉《たかしまゆうや》（97年入寮）と、中寮18Sで暮らしていた。高島は宇部《うべ》高、小池は山口高の出身である。後年、小池は当時のことを、こう回想している。

私のルームメートは物理学専攻の学生で、「愛を波動方程式で表したい」が口癖。映画によく誘ってくれて、2人で延々と映画の話をしていました。嫌だったのは、彼がエッチな本を山のように積み、私のスペースへ崩れてくること（笑）。
（小池龍之介「電気、ガスも止められた駒場寮で奇想天外な人々と語り合った」『週刊朝日』2015年3月20日号）

この記述だけ読むと、高島だけ若者らしい煩悩にまみれているようだが、同記事には、小池自身のことも記されている。

付き合った人が既婚者とわかり、その夫に付け回されたり、恋人がストーカーになって自殺未遂を起こしたこともあります。4年生のときに結婚しましたが、長くは続きませんでした。

小池の著作を読めば、もっと赤裸々に、いろいろ書いてある。小池は現在、カリスマ的な僧侶《そうりょ》として、多くの著作を上梓している。

小池と高島は、寮祭で一緒に演劇をしている。サミュエル・ベケット作の戯曲『ゴドーを待ちながら』のような、二人の会話劇だった。

高島は寮内の料理サークル、「鉄鍋《てつなべ》と玉杓子《たまじやくし》」に入会した。主宰者は駒場寮の料理の鉄人、藤《ふじ》原晃《わらあきら》である。数学を専攻する藤原は早稲田大を卒業した後、東大の院に入って、駒場寮に入寮していた。藤原は最初の課題として高島に、レシピを見ながら麻婆茄子《マーボナス》を作るように指示した。高島が作った麻婆茄子は、ナスがぐずぐずだった。高島はレシピ通りに作ったと言い張っている。やがて藤原には高島がなぜ失敗したのかわかった。油でナスに「七分《しちぶ》」火を通すべきところ、7分《ふん》もかけていたのだ。

「これが東大生か」

と藤原はあきれていた。高島は後に、ＳＦ作家となった。

コンサートと、その後で

電気、ガスを止められて以降、寮風呂《ぶろ》は沸かされることがなくなった。代わりに寮生たちは、学内の学生用のシャワーを使っていた。野村出《のむらいずる》（97年入寮、145期寮委員長）らにとっては、かつて普通に沸かされていた寮風呂は、羨望《せんぼう》の対象だったという。彼らはもう昔の寮生のように、安穏と暮らすことはできなくなっていた。

97年6月7日、独特の演奏スタイルで知られる音楽集団・上々颱風《シャンシャンタイフーン》を招いて、寮風呂でコンサートをしようという案が持ち上がった。企画を立てて、実現のために中心となって動いたのは、寮内バーのマスターの、阪口浩一だった。上々颱風のメンバーは浴槽の中で演奏し、観客たちはそれを取り囲む。電気は使えないので、機械的な音響装置も、照明もない。コンサートは夜なので、ろうそくに灯《あか》りがともされる。そういう計画だ。

対して学部側は、このコンサートの企画を阻止しようとしていた。5月30日は教養学部名で、以下の警告書を出している。


大学が封鎖して立入禁止としている旧寮風呂の建物を会場として、あろう事か入場料を取り演奏会を開くというビラが学外でまかれている。

東京大学は、建造物侵入にあたるこうした不法行為を放置することはあり得ない。


また当日の6月7日にも再び、警告を発している。

本日、寮風呂実行委員会と称する団体が旧駒場寮風呂で強行しようとしている演奏会には参加しないでください。

大学は旧駒場寮への立入を禁止しています。立ち入った場合は、建造物侵入罪（刑法130条）を構成する違法行為になります。


寮内でも当日のギリギリまで、寮風呂でコンサートをおこなうべきかどうか、議論があった。そして結局、当初の予定通り、開催することに決めた。

私も当日、コンサートを見るために寮にやってきた。学部の警告などは最初から気にしなかったが、知り合いの寮生が妙にイライラしているので、どうしたのだろうといぶかしんだ。開催までに紆余曲折《うよきよくせつ》があったと知ったのは、後からのことだった。

コンサート自体は、大成功だった。寮風呂にはあふれるほどの観客が押し寄せた。写真週刊誌などでも取り上げられ、駒場寮が面白い空間であることをアピールできただろう。

寮風呂コンサートが終わってからほどなく、再び学部側は、北寮と中寮の外側の施設、寮風呂や渡り廊下などを破壊にやってきた。このときの模様は、ドキュメンタリーとして撮影され、テレビで放映された。

寮生たちは渡り廊下の屋根の上に座り込んで、抗議の意思を示した。ガードマンが寮生たちを引きずり下ろしたり、そのまま重機で壊したりすれば、けが人が出ることは間違いない。学部側はどうしたか。それでもかまわずに、取り壊しを強行した。

松井は屋根の上から、トラメガを持って教員たちに訴えた。

「いま何が起きてるかわかってるんですか？」

すぐに他の寮生が、叫ぶ。

「お前ら、人殺しかよ、重機止めろよ」

元教養学部自治会委員長で女子寮生の白井《しらい》清美《きよみ》は、寮生が暴行されているのを半笑いを浮かべて眺めている教員に向かって、泣きながら叫んでいた。

「なんで教官の中からね、誰も話し合いをしようって言ってこないの？　答えろよ！」

重機の音がした後には、寮生の悲鳴が続く。屋根の上にへばりついている寮生を、ガードマンが引き剝《は》がして下に落としつける。落ちた寮生は、今度は下で待っていたガードマンたちに、殴る蹴《け》るで袋叩《ふくろだた》きにされる。

そうしてこの日、寮生側にはけが人が続出した。この時、支援に訪れていて、大けがを負ったある寮ＯＢは、ガードマンの派遣元である警備会社を訴えた。結果、かなり高額の賠償金が支払われることになった。

最後の寮生たち

駒場寮廃寮計画が明るみに出たのは、1991年のことである。そして存続運動は長きにわたった。後で振り返ってみれば、私が現役の寮委員として関わった93年から94年あたりは、まだ前半戦だったということになる。明寮や寮風呂が壊された97年の時点でもまだ、後半戦に入ったあたりだった。

寮側はこの後も、入寮選考を続け、新入寮生たちを迎え入れた。寮生たちは、幾度となく電気を奪われ、幾度となく放火をされ、幾度となく立ち退きを強制されようとも、寮に住み続けていく。

99年、寮食堂が壊された。

2000年にも、新入寮生は現れた。このとき入寮した大下知樹《おおしたともき》や石田精一郎《いしだせいいちろう》らが、結果的には、最後の世代の駒場寮生となる。

大下は受験時に受け取ったパンフレットを見て、入寮を決意している。入学後は即戦力として、新歓の駒場寮のブースに参加した。

「ぼくとしてはすごいいいものを薦めているつもりなのに、すごいイヤなものを見るような目で見られました。一番ひどかったのは文科I類で（笑）、理系は結構みんな聞いてくれて」

（『東京大学駒場寮同窓会会報』第10号）

寮の空いた部屋は、クラスのたまり場としても使われていた。七十以上ある新入生のクラスのうち、六十ほどが使用を申請していた。

中川淳一郎は一橋大を卒業し、社会人になってから駒場寮に住んでいたという。部屋は北寮9Bの基礎科学研究会（KKKと略されていた）で、かつては堂前雅史（78年入学、元北ホール運営協議会議長）らが住んでいた部屋だ。

同室者は、かつて私のルームメイトであった、小泉将司だった。中川と小泉は、1994年、前述した寮の花見で知り合った。中川が寮に住むようになったのは、99年、当時中川が勤めていた広告代理店に、小泉が偶然、自転車便のライダーとして訪れ、偶然再会したことがきっかけだったという。当時、寮はラジエーターによる自家発電で、電気を使うことができるのは、二人以上が住んでいる部屋の場合に限られていた。小泉は95年に寮を出た後、2年間一人暮らしをし、97年に再度入寮した。北寮9Bに一人で暮らしていたので、中川が一緒に住んでくれれば、二人部屋になり、電気が使えるようになるという。

中川はその話に乗った。ある東大生にラーメンをごちそうすることで、替え玉で面接させ、その名義で籍を得た。元寮委員の私の立場としては、表立って、面白いですね、と言うわけにはいかないが、そういう事実もあったということは記しておきたい。当時の寮委員会がゆるくてわざと見逃した、というわけではなく、いつの時代にも、そうした住人はいたのだろう。当時はむしろかなり厳しめに住人の管理には気を遣っており、寮委員会が把握している限りでは、寮生は全員、東大生だった。

中川と小泉は、寮費（当時は発電の燃料代込みで月６５００円）を収め、便所掃除などの当番をこなし、存続運動にかかわるカンパも積極的におこなった。一方で当時の寮生たちとはあまり交流を持たず、ひっそりと暮らしていたという。夜になれば二人で、冷蔵庫で冷やされたビールをべろべろになるまで飲んでいた。小泉は部屋に住み着いたコマ猫に、サブリナという名をつけて、かわいがっていた。寒い冬の夜には、サブリナは中川か小泉、どちらかの布団にもぐりこんで、寝ていた。

２００1年2月、すでに東大を中退していた小泉は、そのことを寮委員に指摘され、寮を出て行かざるをえなくなった。小泉はサブリナとともに、寮を去っていった。後に残された中川は、一人部屋で電気が使えなくなった後も、寮に住み続けた。

２００1年8月、強制執行により、ついに北寮と中寮も明け渡すことが決まった。寮生たちは会議で、座り込みをして抗議の意思は示しても、物理的な抵抗はしない、ということを確認した。8月21日の深夜、その旨を告げる寮内放送が流れたのを、中川ははっきりと覚えているという。

翌22日。東京には台風11号が近づき、未明から大雨が降っていた。5時前に目覚めた中川は、寮の周囲にガードマンや教職員、合わせて六百人ほどが集結しているのを確認した。東大に籍のない自分が寮に迷惑をかけてはいけないと思い、身の回りの物だけを持ち出して、キャンパスの裏手からひっそりと去った。そして、再び寮の外にまで戻って、最後の瞬間を見つめていた。

寮に残っていた東大生たちや、支援者らは、最後まで抗議の意思を示した。しかし、暴力の勝負になれば、はなから勝ち目はないし、当然ながら、そういう方針も立てていなかった。『サンデー毎日』は「東大駒場寮陥落す」というタイトルで、次のように伝えている。


91年、老朽化を理由に大学側が「寮廃止」を決定。抗議する学生がそのまま住み続けたことから始まった「東大駒場廃寮問題」はその後、法廷へと闘いの場が移った。

しかし、今年5月に東京高裁で学生側敗訴の判決が出されたことから、この日、裁判所による強制執行手続きがとられ、寮内にいた約150人の学生らはついにその城を明け渡したのである。

教育の機会均等とか大学自治とか、この問題を語る時には数々の小難しいキーワードがある。が、ここでは、

〈教師が学生を訴える〉

という殺伐さに思いをはせたい。


（『サンデー毎日』2001年9月9日号）

北寮と中寮を奪われた寮生のうち、元寮委員長の須藤虎太郎《すどうこたろう》（95年入寮）や野村出など、約二十人ほどは、明寮の跡地にテント村をかまえて、そこに住み続けた。しかしテントでは不便なので、バラックを組み立てることにした。住人の中には建築学科の学生が2人もいたのに、なぜか哲学科の野村が棟梁《とうりょう》となり、設計を担当した。ホームセンターで資材を買ってきて、住人総出で工事をした。その際には食事当番が割り振られ、順番で夕食を作っていた。

「料理が得意な人も、そうじゃない人も、みんなで交代してやってましたね。今日はどんなメニューなんだろうって、けっこう楽しみでした」

と須藤は振り返っていた。

２００１年12月。最高裁での裁判も終わった。

翌２００２年3月、明寮跡地に住み続けていた石田らは、学部当局が寮自治会の記録資料を保管するためのプレハブとコンテナを提供するという条件と引き換えに、立ち退きを受け入れた。

駒場寮自治会の本当の最後を見届けた石田は、戦後の１９４９年から数えて、１５３期目の寮委員長だった。石田は後に、こう語っている。

運動をやってきて、見えてきたものはありました。寮の存在を許さない、学生自治など許さない、つまり言うことをきく人が、許される範囲でものを言うこと以外は許されない。そんな流れの中で起こった廃寮だった。国立大学の法人化があり、憲法・教育基本法を変えて、日本を根本的に作りかえようとする動きの中で起こったのです。

（石田精一郎『世界』２００４年12月号）


「古くて汚い寮がつぶれたぐらいで、憲法だなんだと大げさなことを言っていた時代もあった」、と笑えれば、むしろ救いはあるだろう。しかし、石田の言う通りの動きは、現在はさらに露骨さを増して続いているようにも見える。


駒場寮が取り壊された跡には、生協や食堂、図書館などが移転して、新しい施設が建てられた。寮の建物はもう、どこにもない。広場にはぽつんと、かつてのアーチの一部がモニュメントとして残されてはいる。しかし、建物を強制的に破壊した側が、歴史的文化財保護のような顔をして寮の残骸《ざんがい》を飾っておくのは、あまりいい趣味ではないように思う。

駒場寮の中に残された多くのものは、学部側によって、ゴミのように棄てられた。本来であれば、そこに残された歴史的な記録文書もそのまま、なんら価値を感じない者たちにゴミとして捨てられていてもおかしくはなかった。

しかし、そうはならなかった。寮の存続運動に最後まで携わった寮生たちの尽力によって、それらの記録は保存されることになった。文字通りの寮自治会の遺産、すなわち預金がいくばくか残っていて、それで都内に古い一軒家を購入した。記録文書はいま、そこに保存されている。それは膨大な量である。激動の昭和史を振り返る上でも、貴重な資料になることと思う。

本書を著すにあたり、私は改めてそれらの記録に向き合ってみた。寮のことならば大概のことは知っているつもりでいたが、あまりに初めて知ることが多かったので、驚いた。本書で紹介することができたのは、そのほんのごく一部である。

エピローグ　文化の光の照らす場所

「ヒロよ。お前はトーダイに行くか？　島のトーダイやあ、なあぞ。島のトーダイやったら、おどもでも、歩いて行かれるけえのう」

島から本土に渡る定期船の中で、ヤマダのおじやん（おじさん）は、私によくそう言っていた。私は小さな島の、全校児童数が十人にも満たない、小さな小学校に入ったばかりの子供だった。

島の灯台ではない「トーダイ」といえば、東京にある大学のことだというぐらいは、知っていた。「東大」というのは、どこか遠い場所にある、頭のいい、立派な人間が集まっているところ。昭和の昔、日本の片隅の島では、そんな漠然とした意味で使われていた。

私が生まれ育った山口県下関市の蓋井島は、今では百人ほどもいない離島だ。絶海の孤島、というわけではない。しかし泳いで渡るには、海の水は冷たく、少しばかり遠い。

江戸時代には罪を犯した、あるいは罪を負わされた人々が、岸の向こうから流されてきた。島にはいくつか、墓碑銘のない墓石がある。その下に眠っているのが、どこのどんな人だったのかは、島の住人はもう、誰も知らない。それでも花を供える時節には、島で亡くなった者のため、変わらず花を手向けてきた。

古い時代が終わって維新を迎えると、島には流人たちの代わりに、文明の波が寄せてきた。明治の終わりには山の上に、西洋式の、白亜の灯台が建てられた。古今東西、灯台は、人も通わぬような、寂しいところに置かれるのが定石である。小さな島の灯台から発せられる光は、本州と九州、日本と大陸とを隔てる海の航路を照らし続けてきた。

遠近《おちこち》の遠くを照らす
日本《ひのもと》の文化の光
国たみの　広き心を　育《はぐ》くめり

いい歌詞だなと思いながら、小学生の私は、そんな校歌をうたっていた。私が大学にまで行けたのは、文化の光にあまねく照らされた、この国の教育制度のおかげである。まずは何よりも、そのことに感謝しなければならない。そして私は東京に出てきて、子どもの頃には考えられなかったほどに、多くの光景を見ることができた。

東京では、数えきれぬほどの奇人と出会った。駒込《こまごめ》という町では、近隣で正体不明の怪人物として知られていた、江崎徹さんと知り合いになった。江崎さんが、私にとっては駒場寮の先輩だったと教えてくれたのは、つい最近のことである。本当に偶然ながら、江崎さんは私と同じ、中寮7Bに住んでいたという。江崎さんは福岡《ふくおか》県の久留米《くるめ》大附設高出身。駒場寮で麻雀《マージャン》ばかり打っていたという点では、堀江貴文さんと共通している。

江崎さんは私と妻の共通の知り合いだった。2015年4月、わが家で、江崎さんの誕生日会を開いた。その際、江崎さんには、昔の駒場寮の話をずいぶんとうかがった。それらは残念ながらきわどすぎて、ほとんど書けないものばかりだった。私と妻が江崎さんの元気な姿を見たのは、その時が最後となった。

江崎さんはその後、病に倒れ、意識を失った。病院を訪れた私と妻は、静かに眠っている江崎さんの顔を、信じられない思いで見つめた。ベッドのかたわらの椅子に座っていた江崎さんのお母さんは、江崎さんの東京での生活は、大学の寮で麻雀ばかり打っていたこと以外は、何も知らない、という。江崎さんが人気者であったことを、私と妻は、繰り返し話した。そして私も、数年に一度、故郷の島に帰ることがあっても、東京で何をしていたのか、ほとんど話していないことに気づかされた。

江崎さんは11月、47歳の若さで亡くなった。

駒場寮はなくなってしまったが、駒場寮に残された膨大な記録は、最後の寮生たちの尽力によって、混乱の中から救い出され、奇跡的に残された。それらは、今は都内の古い木造の一軒家に保存されている。この半年の間、私はそこに幾度となく通って、古い資料を読み続けた。二十年以上前、自分が寮にいる間に読むのがベストだったのは間違いないが、当時はそういう心理的な余裕がなかった。

その一軒家には、造形作家の内田恭輔《うちだきょうすけ》さんが暮らしていた。内田さんが作業している隣の部屋で私は、変色し、埃《ほこり》にまみれた紙の山の中に埋もれていた。なんだか、かつてのカオスな空間の、続きの中にいるようで、妙に楽しかった。

私が内田さんがどれほど優れた造形作家だったのかを知ったのは、内田さんの葬儀のときである。内田さんは9月に、急に亡くなられてしまった。内田さんを知る人たちは口々に、

「あんなすごい人はいなかった」

と言っていた。本書が完成したら、内田さんとゆっくり食事でもしたいと思っていたが、叶わぬ願いとなってしまった。


あれだけ毎日のように顔を合わせていた牧野祥久さんは医師となり、いまは東京から遠く離れた遠い南、石垣島《いしがきじま》で暮らしているという。マッキーのような変わった生き方が、当時の駒場寮生の典型、というわけではない。それでも、自由を愛して不正義をにくみ、気ままに暮らしつつもそれを通した、という点においては、寮の延長線上にある生き方を続けているようにも見える。

駒場寮を出た後の寮生たち、それぞれの人生をたどっていけば、それだけでまた、一冊の本が

書けそうである。ここでは最後に、私と同室だった寮生で、いま連絡の取れる者だけ、簡単に触れたい。

黒川博之は、現在はNHK出版に勤めている。同社の編集者の粕谷《かすや》昭大《あきひろ》さんがコンピュータ将棋に関する本を企画したときに、粕谷さんは黒川に、私のことについて尋ねてみたという。その縁もあって、同社からは2014年、『ルポ 電王戦―人間 vs. コンピュータの真実』という本を出版してもらうことになった。本はおかげさまで好評を博して、将棋ペンクラブ大賞（文芸部門）を受賞した。

光内法雄は司法試験に合格して、弁護士になった。

2010年、ある日の深夜に、森見登美彦《もりみとみひこ》原作のアニメ『四畳半神話大系』を見ていると、エンドロールに小林順の名前を見つけた。そこで初めて、小林が角川書店に勤めていることを知った。本書を著すにあたり、小林が保存していた中寮7Bの連絡ノートを参考にさせてもらった。

また本書は、小林の高校、大学、そして会社の後輩である藏本淳《くらもとあつし》さんに編集を担当してもらった。藏本さんは私にとっては東大法学部のずいぶん後輩だが、何度も留年をして、ぎりぎりで卒業していたところなどは、よく似ている。藏本さんが大学に入学した際には、もう駒場寮は跡形もなかったという。

「僕は駒場寮の話を読みたいです」

と藏本さんに言われなければ、本書は生まれていなかった。改めて、小林、藏本の両者には感謝したい。

横山大輔は、山形《やまがた》大の理工学科で化学の准教授を務めている。私が知る限りでは、横山は駒場寮ではいつも酒を飲んで、ずっと遊んでいた。いまはきっと、学生に優しい先生になっているのだろうと思う。

同室者の中で、最も長く駒場寮に住んでいたのは、小泉将司だった。コマ猫のサブリナと部屋で一緒に暮らしていた小泉は、それがきっかけで、現在は猫に関するボランティア団体を運営しているという。捨てられている猫が保健所につかまえられる前に保護しているそうで、それもまた、駒場寮生っぽい生き方を継続しているようにも思える。


9月のはじめの大雨の日、渋谷のある出版社に用事があり、その帰り道、ふと思い立って、駒場キャンパスに寄ってみることにした。渋谷から井の頭線に乗れば、駒場東大前駅まで、数分で着く。しかしその電車賃すら惜しむのが駒場寮生であり、やはり歩いてみることにした。傘が役に立たず、ずぶぬれになった。東急Bunkamuraから坂を上がり、山手通りを越え、そこから坂を下っていけば、炊事門である。

もちろん、駒場寮はもう、どこにもない。炊事門を入ってすぐ、寮食堂の跡地は、花壇になっているのを知った。

昼休み、トラメガ越しの声が聞こえるので、自治会関係者が学費値上げ反対とでも訴えているのだろうかと思ったら、そうではなかった。ヴェルヴェット・アンダーグラウンドのバナナのTシャツを着た男子スタッフが売り込みの声を挙げる中、学内のミニコミ誌『恒河沙《こうかしゃ》』が売り出されているところだった。「教員逆評定」の特集号で、多くの学生が購入していた。

「二十年ぶりに買いますよ」

スタッフにそう告げたら、ずいぶんと感謝された。

「大人の方も、ぜひお求めを。どんな教員が死んだのか、どれほど学生がバカになったのか、よくわかります」

トラメガを持ったスタッフが、饒舌《じょうぜつ》にセールストークを続けていた。学生がバカになったかどうかは、よくわからない。寮の跡地に建てられた食堂で学生たちの顔を見ていると、みなスマートそうだ。少なくとも、バカには見えない。

二十数年前の私のような田舎者、すなわち、下駄《げた》やサンダルをはき、パジャマ代わりのスウェットを着て、頭がぼさぼさのままキャンパス内を歩いている、猫よりも怠惰な、駒場寮生っぽい学生はいないだろうか、と見渡してみた。当然ながらそんな学生は、もうどこにもいなかった。

そして、北寮前の桜の樹の下で、けだるそうに伸びをしていた、やさしい目をしたコマ猫たちも、見つけることはできなかった。

松本博文（まつもと　ひろふみ）
ルポライター、第132期駒場寮委員長、将棋観戦記者。1973年、山口県生まれ。93年、東京大学に入学し、駒場寮に入寮。東大将棋部に所属し、在学中より将棋書籍の編集に従事。同大学法学部卒業後、名人戦棋譜速報の立ち上げに尽力し、「青葉」の名で中継記者を務め、日本将棋連盟、日本女子プロ将棋協会（LPSA）などのネット中継に携わる。コンピュータ将棋の進化を描いたデビュー作『ルポ　電王戦』（NHK出版新書）が話題となり、第27回将棋ペンクラブ大賞（文芸部門）を受賞。近著に『ドキュメント　コンピュータ将棋』（角川新書）がある。

本書は書き下ろしです。

東大《とうだい》駒場《こまば》寮《りよう》物語《ものがたり》

2015年12月10日　初版発行

著者／松本《まつもと》博文《ひろふみ》
発行者／郡司 聡
発行／株式会社KADOKAWA
東京都千代田区富士見2-13-3　〒102-8177
電話 03-3238-8521（カスタマーサポート）
http://www.kadokawa.co.jp/
印刷所／大日本印刷株式会社
製本所／大日本印刷株式会社

ISBN 978-4-04-103277-0　C0095